정병설

서울대 국문과 교수. 주로 조선시대의 주변부 문화를 탐구했다.
저서로『나는 기생이다―소수록 읽기』,『구운몽도―그림으로 읽는 구운몽』,
『조선의 음담패설―기이재상담 읽기』,『권력과 인간―사도세자의 죽음과
조선 왕실』이 있고,『한중록』과『구운몽』의 번역서를 출간했다.

죽음을 넘어서

죽음을 넘어서

순교자 이순이의 옥중편지

정병설

민음사

순교가 은혜라면 조선은 복 받은 땅이다. 18세기 말 조선에 뿌리내린 천주교는 이십 년이 못 되어 신자가 만 명에 육박하는 폭발적인 성장을 보였다. 양반부터 노비까지, 남성은 물론 여성들이 더욱, 이 새 종교에 빠져들었다. 신흥 세력의 급격한 성장은 기득권층의 위기감을 불러왔다. 그것이 박해로 이어졌다. 이미 그전에도 선조의 신주를 불태우고 제사를 올리지 않는다는 이유로 천주교도를 사형에 처한 일이 있었지만, 1801년에 와서 박해는 전국적이고 대대적으로 이루어졌다. 백수십 명이 넘는 사람들이 사형을 당했고, 사백여 명이 유배를 갔다. 그러나 이는 공식적인 처벌일 뿐이다. 신문을 받다가 맞아 죽고, 열악한 감옥에서 이런저런 병을 얻어 죽으며, 또 감옥을 나와 고문 후유증 등으로 죽은 사람들은 훨씬 많다. 박해가 한창 진행될 때 작성된 『황사영백서』에는 천주교와 연루되어 죽은 사람이 서울에서만도 삼백여 명이라고 했다. 천오백만의 전체 조선 인구 중에, 만 명에 이르는 천주교 신자 가운데 열에 한 명 정도는 이런저런 형태의 죽음을 맞았을 것으로 추정된다. 모든 천주교 가정이 수난자를 가졌다고 해도 과언이 아니다. 이 정도 상황이면 조선의 천주교회는 응당 무너졌어야 했다. 그러나 축복 받은 땅은 달랐다.

성경이 복음이라면 조선 사람은 스스로 복을 찾은 사람이다. 간신히 사태를 수습한 조선 신자들은 대박해로부터 십 년이 채 못 되어 저 멀리 서양 어느 나라에 있다는 자기 종교의 황제인 교황에게 편지를 보냈다. 조선 정부의 가혹한 박해와 조선 신자들의 용감한 순교를 말하며, 박해를 피해 도망을 다니면서 끼니조차 잇기 어려운 조선 교우들을 도와줄 것을 청했다. 그러면서 말했다. "세상에 선교사가 전하지 않고 스스로 교리서를 찾아 읽고 신앙을 얻은 나라는 조선밖에 없습니다." 이런 천주교회의 모범생 조선 교회가 시련을 겪고 있으니, 각별한 애정으로 도와달라고 했다.

조선 천주교회가 받은 박해는 여기에 그치지 않았다. 대박해에도 불구하고 교세가 꺾이지 않는 데다가 배후에 막강한 서양 세력이 있음을 안 조선 정부는 더욱 큰 위기감을 느꼈다. 이후 크고 작은 박해가 그치지 않았는데, 1866년의 병인박해 때는 근 만 명을 죽인 것으로 알려져 있다. 때려죽이고 찔러 죽이고 짓이겨 죽이는 원시적 방법으로 이처럼 많은 자기 백성을 죽였다. 근 백 년에 이르는 기간 동안 몇 만 명인지 알 수 없는 조선의 천주교인들이 이 땅에 순교의 피를 뿌렸다.

순교의 은혜 때문인지 스스로 복음을 찾았기 때문인지, 한국은 기독교의 교세가 주변 어느 나라보다 큰 나라가 되었다. 19세기 말이후 일제강점기에 이르기까지, 새 신자를 위한 간략본 성경의 배포량이 세계 3위였다. 중국어, 영어 다음으로 한국어 간략본 성경이 많이 찍혔다. 그만큼 한반도는 새로운 교리에 목이 말랐다.

조선의 천주교 수용에는 다른 나라에서 좀처럼 찾아볼 수 없는 특이한 점들이 있다. 독학을 통한 수용과 정부의 일관된 박해, 그리고 그것을 이겨 낸 폭발적인 성장이다. 그런데 이런 조선의 특징적인 면모에 대해 지금까지 충분한 학술적 해명이 없었던 듯하다. 대부분의 연구는 교회의 울타리를 벗어나지 못했다. 교회로서야 교회사를 교회 내부의 시각으로 바라보는 것이 당연하겠지만, 교회사 역시 일반사의 일부이므로 한국사 또는 세계사의 시각에서 바라보는 일이 긴요하다. 또 천주교 신자가 남긴 글을 교회 문화의 일부로 바라볼 수도 있지만, 한국문화, 한국문학의 일부로도 연구될 필요가 있다. 이 책은 1801년 신유박해 때 죽은 순교자 이순이의 옥중편지를 주 대상으로 삼는다. 기본적으로 인간 이순이를 다루지만 범위를 좁혀 말하자면 천주교인으로서의 이순이보다는 한국인 이순이를 다루고자 한다.

나는 조선 시대 문학을 공부하면서 일찍부터 달레의 『한국천주교회사』에 주목했다. 조선을 조선인의 눈으로 보고 조선인의 목소리로 말한 자료는 지천이지만, 조선 밖의 눈으로 보고 조선에 대해 이야기한 것은 극히 드물다. 더욱이 서양 열강의 충격으로 조선이 크게 변한 다음의 기록이나 서양 사람들의 짧은 견문기가 아니라, 그 이전 시기에 서양인이 조선 사회에 깊이 들어가 조선에 대해 보고한 책은 『한국천주교회사』밖에 없다. 이 점에 있어서 『한국천주교회사』는 절대적인 가치를 지니고 있다. 이 책은 19세기 초중반 조선에 온 프랑스 신부들이 조선의 맨 밑바닥까지 들어가 포교하면서 프랑스의 천주교회 본부와 친지에게 보낸 보고와 편지에 기초하여 편찬된 것이다. 외부인의 시각만이 아니라 조선에서는 감히 말할 수 없었던 반체제적인 내용까지 가감 없이 들어가 있다. 제국주의 시대 서양 선교사들이 가진 오리엔탈리즘만 걷어 내고 보면 당대 조선의 다른 자료들이 가진 한계를 크게 보완할 수 있는 사료다. 나는 조선 시대 문학을 공부하는 사람들에게 『한국천주교회사』를 필독서로 추천한다. 이 책에 이순이의 옥중편지가 매우 중요하게 다루어져 있다. 신유박해 때 전주에서 참수당한 이순이가 감옥에서 어머니와 두 언니에게 보낸 장문의 편지다. 이순이는 죽음을 목전에 두고 차분하고 담담하게 자신이 겪은 일을 적고 슬퍼할 친정 식구들을 위로하는 편지를 썼다. 처음 이 글을 읽었을 때의 감동을 잊지 못한다. 순교자의 자기를 넘어선 숭고한 정신세계에 마음이 크게 울렸다. 그러나 다른 한편으로 조선 시대 문학 전공자로서 조선 사회에 나타난 새로운 인간형을 보았다. 현세를 넘어서서 천상을 지향하면서도, 현실에서도 누구보다 성실했던 사람, 어떤 경우에도 감사를 잊지 않았던 사람. 이 새로운 인간형에 대해 교회는 주목하지 않았고 교회 밖은 무관심했다.

　　나는 천주교인이 아니다. 이 연구를 수행하면서 일부러 천주교회 측과는 접촉하지 않았다. 접촉했으면 더 나은 결과가 나왔을지 모르겠지만 교회 밖의 시각을 유지하겠다는 내 생각을 흔들지 않으려고 했다. 천주교회의 울타리를 벗어난 천주교회사 연구, 순교자 연구, 순교자 문학

연구가 필요하다고 생각했다. 인간은 종교적 동물이다. 신앙하는 종교가 없다는 사람도 종교를 의식하며 산다. 종교와 신앙에 대한 물음은 특정 종교의 영역이 아니다. 인간 연구에 있어서도 다른 무엇보다 중요한 부분이다. 인간 문화 연구의 일부로서 순교 등 종교 주제에 대한 객관적 학문적 연구가 더욱 활기를 띠기를 희망한다.

이 책은 서울대학교 인문 강의 시리즈의 하나로 준비되었다. 사업을 후원한 서울대학교 인문대학과 민음사에 감사드리며, 강연 때 사회와 토론을 맡아 주신 서울대학교 종교학과 유요한 교수와 수원교회사연구소 원재연 실장께 사의를 표한다. 유요한 교수께서는 기독교 초대교회의 사례와 일본 천주교 순교사에 대해 알려 주셨고, 원재연 실장께서는 한국천주교회사를 보는 시각에 대해 중요한 물음을 던져 주셨다. 두 분의 지적과 조언 덕분에 이 책은 약간이나마 더 풍성해지고 단단해질 수 있었다고 믿는다. 또 초고를 읽고 여러 가지 유익한 조언을 주신 이화여자대학교 국어국문학과 김동준 교수와 부유섭, 백승호 박사께도 감사드린다.

2014년 2월

정병설 쓰다

출판사로 초고를 넘긴 다음 호남교회사연구소와 연결이 되어, 이순이 옥중편지의 원본 등 중요한 자료를 실견할 수 있었다. 흔쾌히 자료를 보여 주신 교회사 연구의 대가이신 김진소 신부님과 시종 웃음으로 친절히 안내하신 이영춘 신부님께, 이 자리를 빌려 다시 감사의 말씀을 전한다.

차 례

| 들어가는 말 | **5**

1장   순교의 현장   **13**
　　| 더 살펴보기 | 전근대 일본 천주교와 순교   **47**

2장   옥중편지의 배경   **57**
　　| 더 살펴보기 | '박해자는 개자식'   **104**

3장   옥중편지 읽기   **107**
　　| 더 살펴보기 | 동정결혼과 옥중편지의 초대교회적 원형   **129**

4장   박해와 순교   **133**
　　| 더 살펴보기 | 한중일 천주교 수용사의 비교   **176**

| 맺음말 | **181**

| 보론 | 파리외방전교회 성당에 걸린 그림   **185**

| 부록 1 | 옥중편지 원문   **201**

| 부록 2 | 『동국교우상교황서』 수록 「이순이」 조항   **215**

주석   **219**

참고 문헌   **234**

Abstract   **242**

1장 순교의 현장

형장에서

1802년 1월 30일(음력 1801년 12월 27일)[1] 전주시 진북동의 속칭 숲정이에서 죄인 네 명의 목을 자르는 사형 집행이 있었다. 여자 세 명, 남자 한 명이었다. 양반이며 대부호인 집안의 식구를 네 명이나 그것도 사상적 문제로 죽였는데도, 공식 기록은 일부 최후 진술 외에는 아무런 흔적도 남기고 있지 않다. 당시의 전언과 주변 정황을 감안하여 처형 과정을 재구성해 보자.

19세기 조선에 파견된 프랑스 신부들이 전한 편지와 기록을 토대로 편찬된 샤를 달레의 『한국천주교회사』(1874년 간행, 1-114)[2]에 기록된 서울 서소문 밖 형장의 처형 광경은 다음과 같다. 처형 당일이 되면 시간에 맞추어 서울 사대문 안에 있는 감옥으로 죄인을 싣고 갈 수레가 온다. 흔히 '환재치'라 부르는 사형수가 타는 소가 끄는 수레다.[3] 수레 위에는 사람 한 길 높이가 조금 더 되는 십자가가 있다. 사형집행인은 감방에 들어가 죄수를 메고 나와 수레에 싣고 두 팔과 머리칼을 십자가에 묶는다. 사형집행인이 죄수를 메고 나오는 것은 대부분의 사형수들이 이미 스스로 걸을 수 없는 상태이기 때문이다. 곤장을 맞고 주리가 틀리는 고문을 당해 그렇게 된다. 형장으로 가는 길가에는 많은 사람들이 나와 서 있다. 어떤 사람은 욕을 하고 어떤 사람은 돌을 던지기도 했다. 죄수들은 목이 말라 물이나 막걸리를 청하기도 했다. 사형 죄수들은 대개 두려워하고 불안해했지만, 천주교 순교자들은 달랐다. 마지막 길인데도 자기들끼리 담소를 나누기도 했고 노래를 부르기도 했다. 또 길가의 사람들을 향해 포교를 하기도 했다.[4]

서울 종로의 종각 부근에 있는 전옥서 등의 감옥에서 출발한 수레는 이윽고 서소문 근처에 이른다. 성문을 벗어나 서울 밖으로 나가려는 것이다. 서소문 근처에는 약간의 오르막이 있고 성문을 벗어나면 바로 내리막이 시작된다. 사형집행인은 내리막길 초입에서 사형수의 발밑에 있는 거적을 뺀다. 십자가에 머리칼과 두 팔이 묶인 사형수는 매달린 모습이 된다. 이때 사형집행인이 소를 쳐서 수레를 급히 몬다. 길은 울퉁불퉁하며 돌까지 많아 수레는 심하게 흔들리고 튄다. 십자가에 매달린 사형수가 심한 통증을 느끼게 된다. 이렇게 일이백 미터를 내리달아 형장에 이르면 사형수는 녹초가 된다. 지금 경찰청 사거리 부근의 시냇가 백사장에 있던 서소문 형장에 이르면, 사형수의 윗옷을 벗기고 무릎을 꿇린 다음 허리를 숙여 엎드리게 한다. 목 밑에 나무토막을 받쳐 놓고, 마침내 망나니[5]가 칼을 휘둘러 내리친다.

전주부의 감옥은 지금은 허물어지고 없는 전주성의 동북쪽 안에 있었다. 여기서 수레를 타든 들것에 들려 가든 걸어서 가든 숲정이까지는 꽤 멀다. 형이 집행되던 날, 형이 집행되기 전에 이날의 사형수

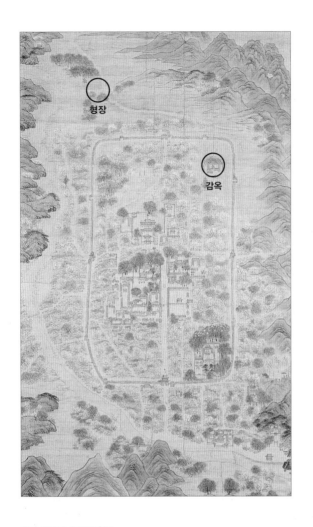

전주 감옥과 숲정이 형장

「전주 지도」(보물 1586). 서울대학교 규장각한국학연구원 소장.

성내 동북쪽 구석에 있는 원형 담장 안이 감옥이다.

현재 전주시청 남쪽 지역으로 전북대학교 평생교육원 등이 들어서 있다.

처형지인 숲정이는 전주성 서북쪽 바깥에 있는 숲이 우거진 곳이다.

현재는 숲정이성지성당과 진북동 우성아파트가 들어서 있다.

다른 처형지와 마찬가지로 바로 옆에 시내가 흐른다.

형문

김준근 작. 숭실대학교 한국기독교박물관 소장.

들은 마지막까지 고문을 받았다. 작대기로 정강이를 때리는〔脛杖〕형문(刑問)을 당했다. 박해자[6]들은 마지막까지 배교를 요구했을 것이다. 그런데 이날의 사형수들은 모두 아무런 통증도 느끼지 못했다고 한다.[7] 그만큼 몸이 만신창이가 되어 있었던 것이다. 작대기로 정강이를 맞으면서도 통증을 느끼지 못할 정도였다면 형장까지 걸어갈 수는 없었을 것이다.

그날 사형수들은 전주 최고의 부잣집 식구들이었다. 전주에서 '땅 대감'이라는 말을 들을 정도로 토지가 많았던 대지주 유항검의 식구였다. 유항검은 이들이 감옥에 갇힐 무렵 이미 최종 판결까지 받았다. 그리고 이들이 감옥에 갇힌 다음 날 또는 그다음 날 전주성 남문 밖에서 능지처참을 당했다. 전주에서 1차 신문을 받고 서울로 올라가 본심을 받았으며 처형은 고향 전주에서 집행되었다. 고향에서 몸이 조각조각 토막이 나는 형을 받았다. 물론 그의 많은 재산은 몰수되었고 집은 파가저택(破家瀦宅)을 입었다. 파가저택이란 죄인이 사는 집을 헐고 물을 대어 못으로 만들어 버리는 벌이다. 지구상에 죄인의 흔적을 완전히 없애려는 뜻이다.

유항검 집안의 재산이 어느 정도인지는 그들의 죽음으로부터 근 백 년이 지나 벌어진 작은 소동을 통해 짐작할 수 있다. 이때는 천주교가 조선에서 힘을 얻어 나갈 무렵이었다. 별안간 유항검의 증손자라는 사람이 나타났다. 유길로라는 인물인데 그는 선조의 재산을 되찾겠다며 천주교회에 청원을 냈다. 천주교회에서는 대한제국 정부에 요청해 유항검의 재산을 조사하게 했다. 그때 전주에서 확인한 땅만

유항검 생가터

파가저택되었다는 기록에 따라 전라북도 완주군 이서면 남계리의
유항검 고향 마을에 있는 못을 찾아 생가터의 위치를 비정하고
성지로 삼았다. 연못 자리를 집이 있던 곳으로 보고 십자가와
성상을 배치했다. 이곳은 옛 마을 이름을 따서 초남이성지라고 한다.

도 천오백 마지기였다. 교회는 전주 부근 십여 개 군에도 조사할 것을 요청했는데, 대략의 조사만으로도 엄청난 규모의 토지가 드러났다. 그런데 너무 많은 것이 오히려 문제였다. 이미 유력자들이 점유하고 있어서 환수가 불가능한 상황이었다.

정부는 서둘러 조사 환수 작업을 종결했다. 당시 밝혀진 땅만도 어림잡아 만오천만 마지기, 곧 천만 평방미터 또는 삼백여 만 평이었다.[8] 유항검이 서울로 압송될 때 자기 땅만 밟고 올라갔다는 말이 헛말이 아니었다.

그날 숲정이에서 죽은 사람은 유항검의 아내와 며느리, 그리고 제수와 조카였다. 아내 신희(申喜), 며느리 이순이(李順伊), 제수 이육희(李六喜), 조카 유중성(柳重誠)이었다.[9] 이들의 죄목이 천주교가 아니라 다른 죄라 하더라도 그 집의 재산만으로도 그들의 사형은 충분히 주목을 받을 일이었다. 그들이 형장으로 가는 길가에는 많은 사람들이 구경을 나왔을 것이다. 그들의 마지막 모습을 안타깝게 지켜본 사람도 있었을 것이고, 당시 천주교를 '나쁜 종교', '나쁜 이념'으로 보고 '사학(邪學)'이라고 불렀으니 사상이 불온한 죄인으로 여기고 욕하고 침을 뱉는 사람도 있었을 것이다.

그 길 위에서 유일한 남성인 유중성이 큰 소리로 천주교 교리를 전했다. '천주께서 계시니, 누구든지 천주를 들으면, 즉시 믿고 봉행할지어다.' 이런 내용을 말했을 것이다. 다산 정약용의 형 정약종이 지은 당시의 유명한 교리서 『주교요지』의 첫 절과 끝 절을 연결해 본 것이다. 이순이는 죽음을 앞두고 마음이 약해진 시어머니와 시숙모를 걱정했다. 그래서 시아주버니에게 소리 질렀다. "아주버니, 우리를 일깨워 주세요."

유중성이 힘 있게 강론을 펴자 이들의 마음은 다시 편안해졌다. 그래도 시어머니에게는 지울 수 없는 걱정이 남아 있었다. 유배 간 어린 세 자녀에 대한 근심이다. 법대로 하면 대역죄인의 아들은 교수형을 당하게 되어 있지만, 이들은 나이가 어려 사형을 면하고 유배형을 받았다. 아홉 살 난 딸 섬이는 거제도로, 여섯 살, 세 살 난 두 아들 일석과 일문은 흑산도와 신지도의 관노비로 귀양을 갔다.(『사학징의』) 말도 제대로 못하는 어린 자식까지 먼 바다 밖의 섬으로 갔으니, 천운이 따르지 않으면 가는 길에 죽거나 유배지에 도착해서 굶어 죽고 얼어 죽을 수밖에 없다. 이순이가 시어머니를 위로하며 말했다. "오늘은 육신의 정을 끊고 오로지 주님을 향해야 할 날입니다. 어찌 사소한 사사로운 정에 매일 수 있겠어요." 죽음 앞에서 참으로 냉정한 말이라고 할 수 있지만, 어차피 어미와 자식의 정을 잇고자 해도 그럴 수 없는 형편이니 차라리 하느님에게 의지하라는 말이다.

맨 먼저 칼을 받은 사람이 이순이다. 망나니는 관례에 따라 이순이의 윗옷을 벗기려고 했다. 목을 쉽게 쳐 내기 위해 그랬을 것이다. 이순이는 몇 마디 근엄한 말로 망나니의 행동을 막았다. "내 비록 네 손에 죽는다마는 네 어찌 감히 내 옷을 건드린단 말이냐." 양반가 여성이 아니라도 여자가 낯선 남자의 손을 거부하는 것은 조선 여성이라면 당연한 반응이다. 어릴 때부터 유교적 정절 관념을 귀에 못이 박히도록 들어 온 여성들이니 그럴 것이다. 이순이보다 반년 앞서 순교한 강완숙 등 여성 지도자도 옷을 벗어야 할 순간에 "법에 따르자면 마땅히 옷을 벗고 형을 받아야 하겠지만, 우리는 부녀자들이니 속히 상관에게 아뢰어 옷을 입고 죽게 해 주시오."라고 청했다.

육체의 정결을 지키려는 이순이의 행동은 조선 여성이라면 누구나 행할 것이지만 이순이에게는 더 특별한 의미가 있다. 이순이는 결혼을 했으면서도 동정(童貞)을 지킨 순교자다. 자기 몸을 온전히 천주에게 바치고자, 결혼을 해 가정을 꾸리고도 부부 관계를 가지지 않았다.

동정의 이상은 일찍부터 조선 천주교회에서 존숭되었다. 마테오 리치(Matteo Ricci, 1552~1610)는 『천주실의』에서 결혼 문제에 대해 이렇게 말했다. "결혼하고픈 정리는 실로 끊기 어렵지만, 하느님께 드리는 제사 역시 정결해야 한다.(婚姻之情 固難竟絶 上帝之祀 又須專潔)" 결혼을 해서 생명을 전하는 것은 자연의 순리인데 왜 순리에 따르지 않느냐는 중국 학자의 비판에 대해, 생명을 전하는 것이 그렇게 소중하다면 왜 중국 사람들은 과부의 재가를 막고 절개를 지킨 여성을 포상하는지 반문하기도 했다. 유교에서 결혼의 이념이 실제로는 자연의 순리를 지키는 데 있지 않고 신분적 질서를 유지하는 데 있음을 간파한 대답이다. 물론 천주교도 독신으로 사는 것을 계율로 삼고 있지는 않지만, 바른말씀을 세상에 알리기 위해서는 결혼하지 않는 것이 효율적이라고 했다. 맡은 바 임무를 더 잘 수행하고 천주를 더 지극히 섬기기 위해 결혼을 하지 않을 수 있다는 것이다. 결혼을 해서 자손을 낳아 퍼뜨리는 것 이상으로 세상 사람들을 바른길로 인도하는 일이 중요하다고 했다. 본능적 욕망과 자연의 순리를 끊는 것이 힘들긴 하지만, 천주에게 헌신하고자 하는 자에게는 더 나은 선택일 수 있다는 말이다.[10]

『천주실의』외에 조선의 초기 천주교회에서 널리 읽힌 책인 『칠극』에도 이런 식의 동정을 숭앙하는 논리가 펼쳐져 있다. 『칠극』은 총 7권 가운데 아예 따로 한 권을 방음(坊淫) 곧 '음란함을 막는 일'에 할애하고 있다. 여기에서는 정결한 삶을 세 단계로 나누어 보고 있는데, 한평생 처녀로 사는 것, 과부로 다시 결혼하지 않는 것, 한 배우자에만 충실한 것의 순으로 가치를 부여한다. 완전한 동정에 최상의 가치를 두고 있는 것이다. 동정은 이미 예수와 예수의 어머니 마리아에게서도 모범을 찾을 수 있다고 생각한 천주교이기에 일찍부터 이상적 가치로 받아들여졌다.

이순이는 감옥에서 친정 식구에게 보낸 편지에서, 여자 중에서는 아가타를 가장 심복하고 좋아한다고 했다. 아가타는 3세기 초 이탈리아 남쪽의 큰 섬 시칠리아에 있는 카타니아의 귀족 집안 출신 순교자다. 당시는 로마제국 때로 기독교가 박해를 받던 시기였다. 그는 어릴 때부터 몸을 정결히 가질 것을 하느님께 맹세했는데, 마을의 집정관이 그의 아름다움에 반해 아내로 삼으려 하면서 문제가 생겼다. 집정관은 아가타가 기독교인이라는 사실을 알고 배교시키려고 노력했는데, 아가타의 뜻을 꺾지 못하자 고문을 가했다. 칼로 가슴을 베기도 했고 불 위에 두고 태우기도 했다. 그런데 그럴 때마다 기적이 일어났다. 집정관은 어쩔 수 없어 감옥에 가두었는데, 거기에서 아가타는 감사와 기쁨의 기도를 올린 다음 숨을 거두었다. 이후 아가타는 금욕과 용기로 여성 순교의 모범이 되었고, 기독교계에 순교 성인을 숭배하는 전통을 만드는 데 큰 역할을 했다.[11] 『사학징의』에 있는 당시 여성 천주교 신자의 집에서 압수한 물품 목록에도 『성녀 아가타』라는 책이 있는데, 이순이는 아마 이런 책을 읽으며 아가타의 동정과 순교의 정신을 오롯이 받아들였을 것이다.

그런데 이순이가 쓴 편지의 문맥에서 보면, 편지 속의 아가타는 로마의 순교 성인이 아니라 그런 세례명을 가진 어떤 조선의 여성 신자를 가리키는 듯하다. 이순이는 편지에서 자기가 심복하는 사람으로 남자는 요한이며 여자는 아가타라고 했다. 문맥상 남자 요한을 조선의 요한으로 볼 수 있으므로 여자도 자기가 잘 아는 아가타라는 세례명을 가진 여성일 것이다. 이순이가 알 만한 사람 중에 아가타라는 세례명을 가진 사람으로는 윤점혜가 있다. 윤점혜는 여성 천주교 지도자인 강완숙과 함께 체포되어 순교한 사람이다. 지역적으로나 집안의 교유권으로나 이순이가 알 만한 범위 내에 있다. 이순이의 외가인 안동 권씨 집안과 윤점혜 집안은 경기도 양근의 이웃에 살았으며,[12] 또 윤점혜는 서울에서 강완숙 집에 살았는데 강완숙은 이순이의 친정과 자주 왕래했다.

윤점혜는 자기의 주보 성녀인 아가타를 공경하고 사랑하여 늘 '어떻게 하면 나도 내 주보 성녀처럼 순교할 수 있을까?' 하면서, 다른 사람들에게도 아가타를 주보 성인으로 삼으라고 권했다고 한다.(『동국교우상교황서』) 윤점혜는 체포되어 신문을 받으면서 자기는 사실 결혼하지 않았지만 그렇게 보이기 위해 머리에 쪽을 찌었고 과부로 행세했다고 진술했다. 신문관들은 여성 천주교인들이 동정을 지키기 위해 쓰는 상투적 수법을 잘 알고 있었다. 자칭 과부라고 하는 것 외에, 결혼을 했지만 소박을 맞아서 혼자 산다고 변명하기도 했다. 순교자 정순매가 그랬다.(『사학징의』) 거짓 증언을 하지 말라는 십계명의 계율까지 어기면서 지켜야 했던 것이 동정의 이상이었다. 조선 여성 천주교인들에게 동정은 그만큼 중요한 것이었다.

이순이 역시 동정의 이상을 실천하고 싶었지만 현실은 호락호락하지 않았다. 유교적 관념에서 불혼(不婚)은 곧 불효와 연결된다. 결혼을 하지 않는 것은 음양이 조화를 이루어야 하는 자연스러운 세계 질서에 위배되는 것일 뿐만 아니라, 결혼의 결실인 자손을 둘 수 없게 되어 불효가 된다. 대를 이을 자손을 두지 못하는 것은 수많은 불효 가운데 가장 큰 불효로 여겨졌다. 유교 사회인 조선은 '세상의 이치', '세상의 순리'에서 벗어난 사람을 용인하지 않았다. 결혼을 못할 수는 있지만 결혼을 하지 않는 것은 용납되지 않았다. 더욱이 이순이의 아버지는 이미 당대의 이단이자 불온사상인 천주교를 믿는다고 지목된 사람이다. 이런 집 자손이 결혼을 하지 않으면 천주교 신앙을 버리지 않았다는 의심을 피할 길이 없다.

결혼하면 동정을 지킬 수 없고 결혼을 하지 않으면 천주교인으로 죄를 얻는 상황에서, 그런 현실적 모순의 탈출구가 '동정결혼'이었다. 거짓으로 결혼은 하지만 부부가 약속하여 서로의 동정을 지켜주는 그런 결합이다. 천주교 교리로는 예수의 어머니인 마리아를 평생 동정을 지킨 여성으로 본다. 개신교는 이 의견에 동의하지 않지만, 천주교 쪽에서 보면 마리아와 요셉이 이미 동정부부인 셈이다. 동정부부의 모범이 이미 예수 이전에 마련된 것이다. 시련이 적지 않았지만 이순이는 사 년 동안의 허울뿐인 결혼 생활을 잘 버텼다. 이순이가 죽음 앞에서, 의식조차 희미해질 정도의 고통 속에서, 망나니의 손길을 단호히 뿌리칠 수 있었던 것도 유교적 정절 관념에다 이런 천주교 동정의 이상이 체화되었기 때문이라고 할 수 있다.[13]

이순이는 스스로 옷을 벗었다. 그리고 손도 묶지 못하게 했다. 사형수의 마지막 저항을 막기 위해 일반적으로 양팔을 등 뒤로 보내 두 손을 묶는다. 그런데 이순이는 그것도 못하게 했다. '내 저항할 뜻이 없음을 너희도 알지 않느냐. 적어도 죽는 순간에는 날 속박하지 마라.' 이런 뜻을 보인 것이다. 이미 이순이는 두 달 전 유배형을 받았을 때 전라도 관찰사에게 죽여 달라고 강력히 항의했다. 그토록 죽음을 기다린 '이상한 사형수'들이니 처형자들로서도 굳이 손을 묶어야 할 이유가 없었다. 이순이는 손을 가지런히 하여 몸에 붙인 다음 맨 먼저 나무토막 위에 목을 올렸다.

이순이의 죽음을 서술한 많은 글에서 망나니가 '도끼'로 내리쳤다고 적고 있다. 아마 달레의 『한국천주교회사』의 한글 번역본에 따른 것으로 생각된다. 그런데 달레가 편찬의 기본 자료로 삼은 다블뤼가 쓴 글을 보면, 쇠, 철, 칼 등으로 번역될 수 있는 'fer'로 내리쳤다고 했다. 19세기 한글 가사인 『한양가』를 보면 망나니는 월도(月刀)를 사용한다고 한다. 김윤보가 그린 참수 장면에 망나니가 든 칼이다. 칼로

참수

김준근 작. 프랑스 파리 기메박물관 소장.

참수

김윤보 작.『형정도첩』수록.

달레『한국천주교회사』에 기록된 군영에서의 참수는 이렇다.

먼저 사형수의 얼굴에 석회를 칠하고 양팔을 등 뒤로 잡아맨다.

그러고는 어깨 밑으로 막대기를 꿰어 가지고 형장 주위를 여러 번

돈 다음 판결문을 읽는다. 마지막으로 양쪽 귀를 접어서 화살촉을

머리 위로 가게 꿰고 사형수의 윗옷을 허리까지 벗긴다.

망나니가 칼을 들고 주위를 손짓을 하며 뛰고 돌다가 목을 날린다.

대역죄인들은 이런 방식으로 목을 잘랐다.

번역할 수 있고 당대의 정황도 그렇다면, 칼로 번역하는 것이 옳다. 그런데 실상을 말하면 도끼나 칼이나 별반 다를 것도 없다. 짧고 둔중한 칼날이 도끼와 크게 다르지 않기 때문이다. 순교 관련 기록은 가능한 한 순교자의 머리가 몇 번 칼을 맞고 떨어졌는지 기록하고 있는데 단칼에 떨어지지 않은 경우가 많다. 망나니가 사형수 가족에게 뇌물을 요구하고 거부하면 참혹하게 죽인다는 말도 있으니,(『오주연문장전산고』) 여러 번 찍어서야 머리가 떨어져 나간 것을 꼭 무딘 칼이나 망나니의 형편없는 솜씨 탓으로 돌릴 수는 없다.

이순이의 머리가 몇 번의 칼질에 떨어졌는지는 기록되어 있지 않다. 다만 잘린 목에서 흰 피가 솟아 나왔다는 말이 전할 뿐이다. 흰 피는 한국 순교자의 전통적 상징이다. 목을 베었더니 흰 젖이 한 길이나 솟구치더라는 신라 법흥왕 때의 불교 순교자 이차돈의 일화가 떠오른다. 이순이의 동정 순교 선배인 윤점혜 역시 "젖빛의 흰색 피"가 흘렀다고 전한다. 흰 피에 대한 이야기는 조선 신자들이 북경의 서양 주교에게 보낸 편지에도 나오는데, 상식적으로 납득할 수 없는 내용을 받아 든 서양 신부들은 누구도 터무니없다거나 거짓이라고 말하지 않았다.[14] 아무도 감히 거짓으로 여기지 못한 것이다. 어쩌면 참수를 지켜보던 천주교 신자의 촉촉이 젖은 눈에 붉은 피가 햇빛을 받아 찬란히 빛을 발하며 우윳빛을 띠지 않았나도 생각해 본다.

옥중편지에
대하여

이순이는 1801년 음력 9월 보름께 감옥으로 잡혀 왔다. 그리고 거의 석 달 반을 감옥에서 지내다 칼을 받았다. 이순이는 감옥에 들어오자마자 고문을 당했을 것이다. 신문에 당연히 따르는 것이 고문이다. 이순이가 어떤 고문을 받았는지 기록된 것은 없지만, 감옥에 온 다음 달 평안도 벽동으로 유배 갈 뻔하다가 다시 잡혀 와서 고문을 당한 일은 편지에 적혀 있다. 살이 터지고 피가 흐르는 고문이라고 했다.

조선 최초의 신부인 김대건은 천주교 신자들이 당하는 고문을 직접 그림을 그려서 설명한 바 있다. 1845년 마카오에 있던 파리외방전교회 극동대표부 리부아 신부에게 보낸 「조선 순교사와 순교자들에 관한 보고서」에 나온다.[15] 김대건이 설명한 고문 또는 형벌은 일곱 가지인데 주리, 치도곤, 주장질, 학춤, 삼모장, 톱질, 형장이다. 특히 주리를 자세히 설명했는데 가위주리, 줄주리, 팔주리가 있다고 했다. 가위주리는 양 무릎과 발목을 단단히 묶고 그 사이에 나무 막대기를 끼워 틀어 올리는 것이다. 줄주리는 줄로 잡아당기는 방식이라는 점이, 팔주리는 팔을 비튼다는 점이 가위주리와 다를 뿐 기본 원리는 같다. 치도곤은 흔히 잘 아는 곤장이며, 주장질은 사금파리 위에 무릎을 꿇려놓고는 몽둥이로 허벅지를 마구 때리는 것이다. 학춤은 양팔을 뒤로하여 나무에 매달아 놓고 때리는 형벌이며, 삼모장은 칼이나 도끼로

주리

김준근 작. 숭실대학교 한국기독교박물관 소장.

주리 당하는 죄인
『사진으로 보는 조선시대(속) ― 생활과 풍속』 수록.

다리 살점을 떼 내는 것이다. 또 톱질은 굵은 실을 정강이에 대고 양쪽에서 쓸어 당겨 살을 베는 것이다. 그리고 형장은 막대기로 정강이를 때리는 것이다. 이것들은 어느 것 하나 괴롭지 않은 것이 없는데, 그중에서도 악독한 형벌로 소문난 것이 주리다. 주리는 1795년 남인의 영수인 이가환이 충주 목사가 되자 비로소 천주교도에게 시행했다. 이가환은 천주교도라는 혐의를 입었는데 그렇게 되자 도리어 천주교도에게 더욱 악형을 가하여 자신의 혐의를 벗으려고 했다는 말이 있다. 이런 이가환을 정약용은 겁이 많은 사람이라고 비판했다.(정약용,「정헌 묘지명」)

　　서울 양화대교 남단 절두산순교박물관이나 부산 오륜대한국순교자박물관 등에는 당시 사용된 각종 형구가 전시되어 있는데, 조선 형벌사를 알려면 천주교회사를 보지 않으면 안 될 정도로 천주교도들이 당한 고문은 다양하고 혹독했다. 조선 천주교 신자에게 순교는 단순히 칼을 맞는 일이 아니라 이런 모진 고통을 거친 후에 맞는 일종의 안식이었다.

　　설령 고문이 심하지 않았다 해도, 석 달 이상의 감옥살이는 그것만으로도 견디기 힘든 일이었다. 이순이처럼 양반집 여성, 부잣집 며느리에게는 더 큰 고통이었다. 옥중편지에 따르면 이순이는 한 평생 병이 몸에서 떠난 날이 없다고 했다. 천주교 신자들은 어떤 고문보다 감옥에 갇혀 있는 것이 무섭다고 말할 정도였는데, 병약한 부잣집 여성이 그 열악한 환경을 어찌 견뎠을까 싶다. 본인이 직접 옥에 갇히기도 한 정약용은 『목민심서』에서 감옥을 '이승의 지옥'이라고 하면서

학춤

김윤보 작. 『형정도첩』 수록.

죄인을 매달아 놓고 마구 때린다.

그림 하단에 회초리 다발이 보인다.

톱질

김윤보 작. 「형정도첩」 수록.

감옥

일제강점기까지 남아 있었던 공주 감옥의 모습이다.

둥근 담장이 둘러쳐져 있고 주위에 집이나 나무가 없다.

감시의 편의 때문에 이렇게 만든 듯하다.

전주 감옥도 이런 모양이었다.

칼을 찬 죄수

가운데 죄인은 손에 수갑까지 차고 있다. 김구 선생은
『백범일지』에서 서대문형무소에 수감되었던 경험을 이야기하면서,
한국이 독립하면 감옥부터 바꾸어야 한다고 했다. 그러면서
간수를 대학 교수의 자격을 가진 자로 삼고, 죄인을 국민의 일원으로
보고 지도하며, 감옥살이를 마친 자는 대학생의 자격으로
대우해야 할 것이라고 했다. 감옥 개혁의 필요성을 역설한 것이다.
그만큼 감옥에는 부조리한 일이 많았다.

그 고통을 다섯 가지로 말했다.

첫째는 형틀의 고통이요, 둘째는 토색질당하는 고통이요, 셋째는 질병의 고통이요, 넷째는 춥고 배고픈 고통이요, 다섯째는 오래 갇혀 있는 고통이다. 이 다섯 가지가 줄기가 되어 천만 가지 고통이 나온다. 사형수는 곧 죽을 것인데도 이 고통을 당하니 그 정상이 불쌍하고, 죄가 가벼운 죄수가 무거운 죄수와 똑같이 고통을 당하며, 억울한 죄수가 엉뚱하게 모함에 걸려 이 고통을 당한다. 이 세 가지는 모두 슬픈 일이다.[16]

이순이는 고문 끝에 칼을 채운 다음 투옥되었다. 정약용은 "칼이라는 물건은 옥졸을 위하여 만들어진 것이다. 그것을 쓰면 내려다보거나 쳐다볼 수가 없고, 호흡이 통하지 않아서 일시반각도 견딜 수 없다. 죽이려면 죽일 것이지 칼을 씌우는 것은 옳지 못하다."고 말했다. 그만큼 견디기 힘든 것이 칼이다. 1827년 전주 감옥에서 순교한 이순이의 동생 이경언은 손발에 쇠 차꼬를 채웠고 목에는 큰 칼을 씌웠다고 했다. 이순이는 여자라 법에 따라 차꼬는 채우지 않았던 모양이다. 고문의 상처에서 흘러나오는 고름이 짚자리에 스며들어 썩어 나가는 불결한 환경과 감옥에 가득 찬 이까지 잡아먹어야 하는 극도의 굶주림, 그리고 무더위와 극심한 추위,(달레, 1-111) 이런 데서 이순이는 석 달 이상 견뎠다.

이순이 일행이 감옥에 들어오고 하루 이틀 후 시아버지 형제가 대역죄인으로 능지처참을 당했다. 능지처참이란 목을 베 죽인 다음 사지를 끊어서 버리는 것이다. 원래 중국에서는 사지를 끊은 다음 목을 베는 형벌이었지만, 조선 전기에는 목을 벤 다음 사지를 소가 끄는 수레로 찢었고, 천주교 신자들이 형을 받을 무렵에는 목을 벤 다음 사지를 끊었다.[17] 이런 극형은 국가의 대역죄인에게나 가하는 벌이었다. 시아버지 유항검과 그 이복동생 유관검은 천주교를 고집스럽게 믿었을 뿐만 아니라 천주교의 자유로운 포교를 위해 서양에 큰 배를 보내 줄 것을 요청한 정황까지 드러났다. 큰 배는 곧 무력으로 이해될 수 있으니 국가 전복의 대역죄가 분명했다. 진술 외에 그것을 입증할 증거는 없었지만 이 정도 내용이라면 자백만으로도 충분한 증거가 될 수 있었다. 그것이 조선의 법 현실이었다. 그들 몸에 걸린 죄명이 작지 않으니 연좌가 엄연한 법률로 존재하던 시기에 대역죄인의 가족들이 목숨을 온전히 보전하기는 어려웠다.

조선에서 사용한 형법전인 『대명률(大明律)』의 형률(刑律) 부분의 모반대역조(謀叛大逆條)에 대역죄의 연좌에 대해 구체적으로 기술되어 있는데, 유항검의 경우와 가장 잘 맞아떨어지는 조문은 『대명률』의 주석서인 『대명률강해』에 보인다. "무릇 모반과 대역은 공모자를 주범과 종범을 가리지 않고 능지처사하고, 부자(父子)로서 나이가 16세 이상이면 모두 교수형에 처하며, 15세 이하와 어머니, 처, 첩, 할아버지, 손자, 형제자매 및 아들의 처첩 등은 공신(功臣) 집에 넘겨주어 노비로 삼고, 재산은 모두 관아로 몰수한다. 남자로서 나이 80세가 넘은 자와 심한 병에 걸린 자, 부인으로서 나이 60세를 넘은 자와 죽을병에 걸린 자는 모두 연좌의 죄를 면한다." 이 조항에 따라 이순이의 남편과 시동생은 교수형을 받았고, 이순이와 시어머니, 시숙모는 처음에 유배형에 처해졌다. 이순이 일행이 나중에 참수된 것은 자신들의 죄 때문일 것이다. 이순이의 시할머니가 죄를 입지 않은 것, 어린 시동생들이 멀리 섬으로 유배 간 것도 이러한 형률에 따른 것으로 볼 수 있다.

이순이의 시아버지 형제는 이미 1801년 봄에 옥에 갇혔다. 신문 과정에서 유관검이 '서양 배를 불러들여서 한바탕 결판을 지어야 한다(洋舶請來 一場判決)'고 말했다는 진술이 나왔다. 유관검의 사돈 집안 사람인 이우집이 진술했다. 집이 가난한 이우집은 가끔 유관검에게 재물을 얻어 갔는데 그렇게 왕래하는 중에 이런 엄청난 말을 들었다고 했다. 유관검은 부인했지만 이런 발언이 나온 이상 부인은 부질없다. 서울로 압송되어 재차 신문을 받았고 으레 그런 것처럼 고문을 당한 후에 자백이 뒤따랐다. 고문은 죽어 세상을 떠난 부모마저도 살아 돌아온 것으로 할 수 있다는 것이니 이 정도야 아무 일도 아니다. 이후 전주 지역에 대대적인 피바람이 휘몰아쳤다. 이백 명 이상이 잡혀 와서 문초를 당했고 공식적으로 처형된 사람만도 스무 명에 이르렀다.

이순이는 이러한 험악한 상황에서 감옥으로 잡혀 왔고 잡혀 온 지 열흘 남짓한 시점에 친정어머니에게 편지를 보냈다. 친정집도 이미 박해를 입어서 풍비박산이 난 상태였다. 천주교를 믿다가 처벌을 받았던 아버지야 벌써 팔 년 전에 돌아가셨지만, 곱사등이 오빠 이경도는 이순이보다 약간 앞서 서울의 옥에 갇혔고 이순이가 편지를 보낼 때는 이미 최종 심리까지 마친 상태였다. 두 자식을 죽음의 감옥으로 보낸 어머니에게 이순이는 세상을 하직하는 마지막 인사를 올렸다.

그런데 이순이가 어머니에게 편지를 쓰고 하루 이틀이 지난 후 하늘도 놀랄 사건이 발생했다. 충청도 제천의 배론에서 황사영이 체포되었는데 거기서 그 유명한 '황사영 백서'가 발견된 것이다. 황사영이 비단에다 정성스럽게 쓴 장문의 글이 포졸에 의해 압수되었다. 여기서 말로만 떠돌던 '반역'의 실체가 드러났다. 천주교 신자들이 '서양 배'를 요청한 내용이 적혀 있었던 것이다. 이제 천주교 신자들은 누구도 부정할 수 없는 확실한 조선의 반역자가 되었다.

이순이가 옥에 갇히고 한 달이 다 될 무렵, 역적으로 능지처사된 죄인의 아들은 교수형을 받는다는 법률에 따라, 남편 유중철과 시동생 유문석이 전주 감옥에서 교수형을 당했다. 그 암울한 상황을 뒤로하고 오로지 잘 죽어 순교하기만 바라며 친정에 있는 두 언니에게 작별 편지를 썼다. 이순이가 죽기 하루 전날 오빠 이경도가 서울 서소문 형장에서 칼을 맞고 죽었지만 이순이는 그 죽음을 알지 못했을 것이다. 모두 죽음을 기다리고 있는 상황이니 하루 이틀의 차이가 문제될 것도 없었다. 이순이와 함께 순교한 사람들은 모두 신문관에게 '배교할 수 없다. 더 할 말이 없다. 속히 죽여 달라.'고만 했다. 『사학징의』라는 박해자 측의 기록에 나오는 말이니 그들의 순교는 의심의 여지가 없다고 할 것이다.

이순이가 어머니와 두 언니에게 보낸 옥중편지는 기실 유서다. 1801년 신유박해로 공식적으로 처형당한 사람만 해도 백수십 명이 된다고 하지만, 이 옥중편지로 인하여 이순이는 후대인의 뇌리에 가장 깊이 자리 잡은 순교자가 되었다. 이 편지를 세상에 처음 소개한 다블뤼 주교는 '우리는 그 편지를 읽으면 읽을수록 아름답게 느껴져서 더욱 애착을 갖게 된다. 거기에 담겨 있는 꾸밈없는 감성은 이순이의 변함없는 믿음과 끝까지 그를 고무시킨 생생한 사랑의 진가를 보여 준다.'고 하면서, '조선의 순교자들 중에서도 보석과 같은 이 소중한 분들의 생애가 금색 글자로 기록될 수 있기를 바란다.'고 했다.[18]

이순이의 편지는 순교자의 편지로서만이 아니라 죽음 앞에 선 한 사람의 기록이라는 점에서도 깊은 감동을 준다. 다만 개인적인 편지라서 대체적인 뜻은 알아도 세세한 내용은 해석하기 어렵다. 발신자가 정확히 어떤 상황에 처해 있는지 또 수신자는 정확히 어떤 사람인지 잘 모르기 때문이다. 발신자는 열악한 감옥에서 옥리들의 눈을 피해 편지를 썼다. 언제 죽을지 모르는 상황이라 무슨 소리만 들려도 자기를 죽이려고 불러내는 듯하다고 했다. 당연히 검열도 의식했을 것이다. 편지가 감옥 밖으로 나갈 수 있는지도 분명하지 않았다. 이런 상황에서 보낸 편지를 일반 편지나 단순한 옥중편지와 같이 볼 수는 없다.

대략 안부만 전하고 위로의 말을 건네고 있는 어머니에게 보낸 편지는 어느 정도 내용이 이해가 되지만, 두 언니에게 보낸 편지는 수신자가 누구인지부터 분명하지 않다. 지금까지는 친언니와 올케언니 두 명으로 이해했지만, 출가외인인 친언니와 올케언니를 한 통의 편지에 넣어 보낸다는 것은 상식적으로는 받아들이기 어렵다. 일반적으로 친정에 있는 두 언니라면 올케언니 두 명으로 생각할 텐데, 알려진 바에 따르면 이순이에게는 올케언니가 한 명밖에 없다. 친언니가 어떤 사정이 있어서 친정으로 돌아와 있을 수도 있고, 친정과 멀지 않는 곳에 살기에 한 편지에 함께 써 보냈다고 할 수도 있지만, 다른 기록을 참조하면 친언니와 편지 속에서 친언니로 추정된 인물은 잘 맞지 않는다. 친언니로 보기에는 편지에서 서술 비중도 너무 낮다. 편지 내용의 대부분이 올케언니를 향하고 있기 때문이다. 따라서 여러 가지 정황으로 볼 때, 종전에 친언니로 추정된 인물은 이순이 친정과 가까이 지내는 일가의 어떤 언니일 가능성이 더 높을 것으로 여겨진다.

더욱이 두 언니에게 보낸 편지는 한 제목 아래에 있지만, 엄밀히 분석하면 두 통의 편지로 나누어 보는 것이 적절할 듯하다. 내용상으로 어느 정도 분절이 확인되기 때문이다.

이순이의 옥중편지를 이해하기 어렵게 만드는 것은 혼란스러운 서술도 한몫을 차지한다. 다블뤼 주교도 이순이의 옥중편지가 "맥락상의 과실"과 "몇 번이나 같은 이야기를 되풀이"하는 문제가 있다면서, 캄캄한 감옥에서 감시의 눈을 피해 글을 써야 했던 상황을 감안하면, 이런 문제점을 어떻게 질책할 수 있겠느냐고 했다. 김대건 신부는 조선 천주교 순교자들의 이력을 보고하면서 "순교자들이 감옥에서 보낸 기록은 신자들이 감시인의 눈 때문에 모두 태워 버렸으므로 전부 말씀드릴 수는 없습니다."라고 했다.(『김대건 편지 모음집』, 297쪽) 이순이는 극도로 열악한 상황에서 기적적으로 유언을 적어 나갔고 또 기적적으로 지금까지 전해졌다.

이순이가 기적의 유언을 남길 수 있었던 것은 신부의 명령이 있었기 때문이다. 신유박해 때 함께 순교한 중국인 주문모 신부는 박해의 역사를 기록하라고 했다. 그래서 로마 시대 기독교 초대교회의 여성 순교자 페르페투아처럼 옥중 기록을 남겼다. 이순이의 시집은 엄청난 재력이 있었으니 전성기에 도움을 받았던 사람들이 옥중편지가 밖으로 나가는 데 도움을 주었을 수 있다. 옥중편지에는 이순이가 박해의 사정을 적어서 밖으로 보냈다는 말이 있는데 아쉽게도 그것은 전하지 않는다.

이순이의 옥중편지는 밖으로 흘러나와 박해받던 후대의 천주교 신자들을 위로하고 격려했다. 1859년 조선 천주교 순교사를 정리하던 다블뤼 주교가 이 편지의 필사본을 발견했고, 그 내용에 대한 감동 어린 평가와 함께 그것을 파리외방전교회 본부로 보냈다. 그러나 현재 그 필사본의 행방은 확인하지 못했으며, 다블뤼가 프랑스어로 번역한 것만 남아 있을 뿐이다. 그러다 1965년에 한글 필사본이 세상에 알려졌다. 1868년 울산에서 순교한 김종륜이 필사한 것으로 알려져 있는데, 현재 두 종이 남아 있다. 이순이의 옥중편지는 여러 차례 연구되고 해석되었음에도 불구하고 아직 제대로 풀지 못한 부분이 적지 않다. 이 책은 먼저 편지의 배경을 각종 사료를 통해 밝혀내

고, 이를 토대로 편지를 정밀하고 정확하게 해독한 다음, 그 의미를 재

해석하고자 한다.

■ 더 살펴보기

전근대 일본
천주교와 순교

일본은 한국보다 훨씬 앞서 천주교를 만났다. 스페인 출신 예수회 신부인 하비에르(Francisco Xavier)가 1549년 일본 규슈 남단 가고시마에 상륙했다. 처음에 일본은 천주교에 호의적이었다. 당시 일본은 내전이 치열해서 각 지역의 영주들은 서양의 뛰어난 무기 기술에 관심이 높았다. 그러나 정부와 천주교의 밀월 관계는 오래가지 못했다. 천주교 교세가 급속히 커지자 경계하기 시작했다. 1587년 마침내 도요토미 히데요시에 의해 금교령이 발표되었다. 그러나 바로 엄격히 시행되지는 않았다. 1596년에야 비로소 순교자가 나왔다. 1612년 더욱 엄격한 금교령이 공표되었고, 1622년에는 신도는 처형, 사제는 화형이라는 무시무시한 금령이 발표되었다. 박해에 박차가 가해졌다.

무사 지배 국가인 일본의 천주교 박해는 치밀하고 잔혹하기로 유명하다. 그 가운데에도 널리 알려진 고문이 아나즈리(穴吊り)다. 사람을 꽁꽁 묶어 거꾸로 매달고 머리 또는 상반신을 구멍 속에 넣어 두는 고문이다. 온몸의 피가 머리로 쏠려 얼굴은 퉁퉁 붓고 안구가 튀어나오며, 코, 귀, 입에서는 피가 흘러 나온다. 때때로 밖에서 머리가 들어가 있는 통을 두드리면 고문당하는 사람은 머리가 터질 듯한 고통을 느낀다고 한다. 심지어 더 오랫동안 거꾸로 매달아 두기 위해 관

자놀이를 찔러 피가 똑똑 떨어지게도 했다. 이렇게 해 놓고 죽을 것 같으면 꺼내 바로 세우고 또다시 매달았다.

아나즈리는 죽음을 각오하고 이역만리까지 찾아온 서양 신부까지 배교시켰다. 엔도 슈사쿠의 유명한 순교 소설 『침묵』에도 등장하는 페레이라 신부가 그랬다. 페레이라는 포르투갈 출신으로 예수회에 입회한 지 37년, 일본에서 포교 활동을 벌인 지 23년이 된 54세의 노신부였다. 그 노숙한 신부가 배교를 했다. 배교 바로 직전까지 동료와 신자들이 고문당하고 순교하는 것을 본부에 보고했다. 페레이라 신부는 자기가 지도하는 신자들과 함께 체포되었는데, 그런 신앙심이 깊은 신부가 아나즈리를 당한 지 불과 다섯 시간 만에 배교했다. 다섯 시간이라도 고통이 적다고 할 수는 없겠지만, 그 고통을 못 견딜 신부는 아닐 것이다. 그것보다 정신의 경계선을 오락가락하면서 자신의 신앙에 대해 회의하게 된 것이 배교의 원인이 아닌가 한다. 자기와 동료들이 고통에 신음하고 있는데도 계속 '침묵'하고 있는 신에 대해 회의했던 것이다. 구멍 속에서 신부는 신앙의 가장 큰 적인 의심에 사로잡혔다.

페레이라의 배교 소식은 유럽의 천주교인들에게 큰 충격을 주었다. 자신의 피로 페레이라의 죗값을 치르겠다며 일본으로 가겠다는 사람들이 줄을 섰다. 다시 동방으로 십자군 원정을 떠날 듯한 기세였다. 페레이라가 배교한 다다음 해인 1635년에 34명의 예수회 수도사가 포르투갈의 리스본을 떠났고, 우여곡절 끝에 그 일부가 1637년 9월 일본에 상륙했다. 그리고 다음 달 단장 격인 마스토리리 신부가 나흘간 아나즈리 고문을 당한 끝에 참수를 당했다. 그리고 남은 사람들이 다시 1642년 일본에 상륙하여 무려 일곱 달 동안 하루 걸러 물고문과 불고문을 받은 끝에 마침내 아나즈리를 당한 다음 칼을 받았다. 이들의 몸은 형리에 의해 토막토막 잘렸는데 칼을 시험한다는 명목이었다. 이렇게 잘린 그들의 사체는 불태워진 다음 바다에 버려졌다. 신자들이 순교자들의 유해를 가져가서 숭앙하는 것을 막기 위해서였다. 페레이라의 죄를 씻고자 1차로 들어온 사람들은 모두 자신이 바라던 순교를 했다. 그러나 1차 파송자들이 마지막으로 순교할 시점에 들어온 2차 파송자 열 명은 모두 배교하고 말았다. 아무리 모진 고통을 감내할 자신에 충만해 있다고 해도 실제 고문은 견디기 힘든 것이었다.

이렇게 혹독한 박해가 진행되던 1637년 나가사키 인근 시마바라에서 대규모 반란이 일어났다. 이른바 시마바라의 난이다. 이 반란은 천주교 문제로 시작된 것이 아니었다. 영주의 학정에 대한 농민들의 반란이었다. 그러나 천주교도가 대다수인 지역 특성상 자연스레 천주교의 난이 되었다. 중앙 정부에서 진압군을 보내자 이들은 성으로 들어가 농성을 했는데, 농성자들은 흰 목면 옷을 입고 성 중앙에 십자가를 세우고 천사가 예배하는 그림이 그려진 깃발을 흔들며 정부군과 맞섰다. 밤낮으로 한 번씩 성 중앙에 모여 기도했고, 진압군이 공격할 때마다 '예수 마리아'를 외쳤다. 이 반란은 이듬해 2월 진압되었는데, 농성자는 남녀노소 가리지 않고 모두 살육 당했다. 종전에 농성자의 숫자를 3만 7000명이라고 했지만 근래의 면밀한 연구에서는 2만 3900명 정도로 파악하고 있다. 얼마나 철저히 살육했는지 살아남은 사람은 한 손으로 꼽을 수 있을 정도라고도 말한다. 그리고 진압에는 네덜란드의 포격 지원이 있었는데, 바닷가에 위치한 농성지 하라 성은 네덜란드의 공격으로 큰 타격을 입었다. 기독교 국가인 네덜란드가 같은 기독교인들을 도와주지는 못할 망정 이익을 좇아 고립무원의 연약한 농민 반군을 공격했던 것이다. 이를 계기로 네덜란드는 포르투갈을 제치고 일본과의 무역에 독점적 지위를 얻게 되었다.

이런 일을 겪으며 일본의 천주교는 더 이상 일본 열도 내에 존재할 수 없게 되었다. 천주교도를 색출하기 위해 예수나 성모를 새긴 판(후미에(踏み絵))을 밟게도 했고, 불교 조직에다 주민들을 강제 편입시키기도 했다. 천주교를 신앙하는 마음 자체를 가지지 못하도록 철저히 찾아내고 엄격히 관리했던 것이다.

그런데 이로부터 육십 년이 훌쩍 지난 1708년 이탈리아 출신의 예수회 선교사인 조반니 시도치(Giovanni Battista Sidotti)가 일본에 들어왔다. 순교한 선배 신부들을 따르고자 한 것이다. 이때 일본 정부는 종전과 다른 태도를 취했다. 모처럼 들어온 서양 선교사에게서 서양의 사정을 듣고자 했다. 당대 일본의 대표적인 학자 관료인 아라이 하쿠세키(新井白石)가 시도치를 심문했는데, 아라이는 시도치에게 들은 것을 토대로 『채람이언(采覽異言)』, 『서양기문(西洋紀聞)』 등의 책을 썼다. 일본은 천주교는 막아도 그들의 기술 문명에 대해서는 여전히 지대한 관심을 보였다.

일본 정부는 시도치를 죽이지 않고 수용소에 격리 거주시켰다. 그런데 사 년이 지난 후 놀라운 일이 벌어졌다. 시도치를 돌보던 일본인 부부가 수용소 소장에게 가서 자신들이 천주교도임을 밝힌 것이다. 격리 상태에서도 시도치가 주변 일본인에게 포교하고 세례를 준 사실이 드러나자 시도치와 그 부부는 함께 지하 감옥에 보내졌다. 그리고 반년이 좀 지나 세 사람 모두 하늘로 올라갔다.

일본 정부가 천주교도들에게 가한 형벌은 참수나 교수 등의 단순한 사형 외에도 절단형, 화형, 십자가형 등이 있었다. 코, 귀, 입술, 손가락, 발가락, 발목 힘줄 등을 베어 내기도 했고, 톱으로 목을 자르기도 했다. 화형은 말 그대로 불태워 죽이는 것이지만, 고통을 더하기 위해 사람을 장작더미의 불길에서 얼마간 떨어뜨려 놓아 연기와 열기로 서서히 죽이기도 했다. 십자가형은 사람을 높은 십자가에 묶어 놓고 창으로 옆구리를 찔러 반대편 어깨까지 관통하도록 하여 죽이는 것이다. 보통은 두세 번만 찔러도 죄인이 내장을 쏟아 내고 죽는데, 가운데 뼈에 부딪치지 않고 정확히 관통시키기 위해 이삼십 번 찌르는 일까지 있었다. 또 십자가형이긴 하지만 전혀 다른 방식도 있었는데, 바닷가에 십자가를 세워 놓고 사람을 거꾸로 매달아 밀물과 썰물이 들어오고 나가면서 자연스럽게 물고문을 하도록 한 것이다. 나중에는 얼굴이 불어 터져 누구인지를 분간할 수 없었다고 하니, 인간의 잔혹함이 어디까지 갈 수 있는지 그 끝을 보는 듯하다.

일본 천주교 희생자 수는 사오만 명에 이른다고 한다. 그만큼 박해가 가혹했다. 여기에는 임진왜란 때 포로로 끌려간 조선인도 상당수 포함되어 있다. 혹독한 고문과 형벌 속에서 일본인은 순교의 길을 가거나 천주교를 버릴 수밖에 없었다. 그런데 뜻밖에 제3의 길도 있었다. 겉으로는 불교도인 것처럼 행세하면서 천주교 신앙을 지켜 간 사람들이 있었던 것이다. 이들은 불상으로 성모 마리아상을 대신했다. 도쿠가와 막부가 무너지고 서양 신부가 다시 일본에 들어오자 오랫동안 숨어 지내던 일본 신자들이 성당을 찾아왔다. 1865년 나가사키 오우라에 파리외방전교회에 의해 성당이 건립되자 열

다섯 명의 일본인이 성당으로 왔다. 그들은 조심스럽게 "성모 마리아상이 어디 있나요?" 하고 물었다. 정말 천주교가 맞는지 확인한 것이다. 서양의 기독교계가 크게 놀랐다. 오만 명이 넘는 것으로 추산된 천주교도가 이백오십 년 가까이 자신의 신앙을 숨기고 살아왔다는 것이 세상에 알려진 것이다. 그러나 그 가운데 상당수는 천주교회로 돌아오지 못했다. 자신들이 비밀리 지켜 온 종교가 오랜 세월이 지나면서 천주교와 크게 달라져 버린 것이다. 기나긴 박해의 세월이 종교의 기본 성격마저 바꾸었던 것이다.

아나즈리

타너(Mathias Tanner)의 『예수회 회원 순교의 역사(*Societas Jesu usque ad sanguinis et vitae profusionem militans…*)』 (1675년 프라하 출간)에 실린 그림이다. 이 책은 유럽, 아프리카, 아시아, 아메리카에서 순교한 예수회 회원들의 행적을 그림과 함께 소개한 것인데, 아시아 편에 아나즈리 장면이 무려 십 면이나 있다. 아나즈리는 그만큼 인상적인 고문이었다.

후미에

천주교도가 많았던 나가사키에서는 매년 정월 초에 전 주민을
대상으로 관원이 보는 앞에서 성상을 밟게 하여 신앙 여부를 확인하는
행사를 벌였다. 신자들은 목숨을 건지기 위해 성상을 밟았지만
몹시 괴로워했다고 한다. 이 그림은 나가사키의 네덜란드인 거류지에서
일본인들에게 의술을 가르친 독일 의사 시볼트(Philipp Franz von
Siebold, 1796〜1866)가 쓴 책 『일본(Nippon)』에 수록된 것이다.

마리아관음

일본 후쿠오카현 천주교 후손가 소장. 17세기 초 제작 추정.

竹村覺, 『크리스천 유물의 연구(キリシタン遺物の研究)』(1964) 수록.

마리아관음은 원래 중국에서 만들어진 것으로 송자관음(送子觀音) 또는
자모관음(慈母觀音)으로 불린다. 박해기의 일본 천주교인들은 예수상이나 마리아상을
섬길 수 없었기에 대신 불상을 이용했는데, 한국에서 만들어진 미륵보살상 같은 것을
쓰기도 했지만 중국에서 수입한 송자관음상을 많이 이용했다. 관음이지만 실제로는 마리아로
여기고 숭배했기에 마리아관음이라고 부른다. 원래 관음은 교리상으로는 아이와 관계가 없다.
그러나 관음이 가진 강한 여성적 이미지와 다산(多産) 사상 등이 결합되면서,
아이를 보내 준다는 즉 아이를 낳게 해 준다는 송자관음이 만들어졌다. 마테오 리치와 같은
예수회 선교사에 의해 처음 제작되었다는 설도 있다. 전근대 한국에서는 송자관음상의 전래가
확인되지 않는다. 사진의 마리아관음은 아이의 가슴에 작은 못을 박은 것이 인상적이다.
관음을 마리아로 보면 십자가에 못 박힌 예수처럼 아기 예수의 가슴에 못을 박은 것이 된다.

2장

옥중편지의
배경

이순이,
흐릿한 역사

'나라의 죄인'인 순교자 이순이는 이름과 출생 연도부터 분명하지 않다. 역사에서 지워진 '반역자'인 데다가 조선의 소외된 존재인 여성이기 때문이다. 이름을 순이가 아니라 유희라고도 하며, 세례명은 흔히 루갈다라고 하지만 바르바라 또는 아가타일 수도 있다. 그리고 출생 연도는 1781년일 수도 있고 1782년일 수도 있으며 그보다 더 앞선 1779년일 수도 있다.

먼저 이름의 경우, 조선 시대에는 여자가 이름으로 불릴 일이 그리 많지 않았다는 데 유의할 필요가 있다. 어릴 때나 이름으로 불릴 뿐이고, 결혼하면 택호로 불린다. 서울댁, 충주댁, 김서방댁, 이서방댁 하는 식으로 말이다. 높여 부르는 경우에도 당호를 써서 사임당이니 윤지당이니 할 뿐이다. 이순이는 어릴 때나 이름이 불렸을 것이고, 결혼해서는 '서울댁' 정도로 불렸을 것이다.

순이라는 이름은 『사학징의』의 신문 기록에 보일 뿐이다. 조선 시대 여성들은 누구의 아내 또는 누구의 어머니라는 사실이 중요하지, 이름이야 그리 중요하지 않았기 때문에, 신문 기록이긴 하지만 얼마나 정확히 기록되었을까 의심을 지울 수 없다. 한편 유희라는 이름은 다블뤼 주교의 글에서 보인다. 'Ni Niou hei'로 되어 있어서 '이유희'라고 읽었다. 천주교 쪽에는 여성 신자에 대한 관심이 높은 데다가, 특히 다블뤼는 이순이를 순교자로 극찬했으므로, 숭앙의 차원에서도 가능한 한 정확하게 기록하려고 했을 것이다. 다만 외국인이 외국어로 남긴 것이라는 한계가 없지 않다.

『사학징의』에 따르면 이순이의 오빠인 이경도의 아명은 '오희(五喜)'다. 또 이순이와 함께 수감된 이순이 시숙모의 이름은 같은 책에 '이육희(李六喜)'로 되어 있다. 이를 근거로 이순이와 이육희의 이름이 바뀌었을 가능성을 제기한 연구자도 있다. 집안에서 '기쁨'을 뜻하는 '희(喜)' 자를 돌림자로 삼았고, 이경도의 '오희 곧 다섯 번째 기쁨' 다음으로 이순이의 '육희 즉 여섯 번째 기쁨'을 이름으로 삼았을 것이라는 추정이다. 그런데 '오희'를 '다섯번째 기쁨'으로 보기에는 이경도의 아버지 이윤하의 나이가 너무 젊다. 1757년생의 아버지가 만 스무 살에 다섯 번째 아이를 얻었다고 보기 어려운 것이다.

'오희'를 꼭 이런 식의 태어난 차례에 따른 명명법으로만 볼 수는 없다. 17세기를 살았던 인물인 한빈(韓彬)은 아들을 넷 두었는데 그 이름이 각각 오복(五福), 오장(五章), 오희(五喜), 오임(五壬)이다. 역시 17세기에 활동했던 강주의 『죽창집』을 보면, 팔십의 노령에 손자를 얻고 이름을 팔희(八喜)라고 지은 후 그 뜻을 풀이한 글이 있다.(「손아팔희명명(孫兒八喜命名)」) 여기에서 팔희는 '여덟 번째 기쁨'이 아니라 '여덟 가지 기쁨'이다. 손자가 준 여덟 가지의 기쁨을 말하면서 팔희라고 지었다고 했다. 이처럼 이경도의 오희도 '다섯 번째 기쁨'이 아니라 '다섯 가지 기쁨' 등 다른 뜻일 수 있다. 이순이를 '육희'라고 하기는 근거가 약하다고 말할 수 있는 것이다. 현재로서는 '유희'라는 이름도 잘못이라고 할 수 없지만, 더 명확한 근거가 없으면 종전처럼 순이라고 부르는 편이 좋을 듯하다.

이순이의 세례명 역시 지금까지 분명히 정리되지 않았다. 이순이의 한글본 옥중편지 제목을 보면, 하나는 "누갈다 초남이 일기 남매"라고 되어 있지만 다른 하나는 "발바라 초남이 일기 남매"로 되어 있다. 더욱이 전자 역시 원래는 '발바라'로 되어 있었는데 종이를 덧대고 그 위에 '누갈다'라고 고쳐 썼다. 세례명에 대한 혼선은 이순이를 처음 외부 세계에 알린 다블뤼의 글에서도 나타난다. 그는 처음에는 바르바라(Barbe) 또는 아가타(Agathe)일 것이라고 했다가(다블뤼, 299쪽) 뒤에 루갈다(Luthgarde)로 고쳤다. 이순이의 세례명에 관해 무엇보다 믿을 만한 기록은 1811년 조선의 신자들이 북경의 서양 주교에게 보낸 편지이다. 달레나 다블뤼보다 오륙십 년 이상 앞선 기록일 뿐만 아니라, 이순이가 죽은 지 십 년이 못 되어 이순이의 외사촌 권상립 등이 중심이 되어 쓴 기록이다. 여기에서는 이순이를 "여아륵액 이씨(呂亞肋額 李氏)"라고 했다. '여아륵액'은 『성년광익(聖年廣益)』제6권에도 보이는데 루갈다를 가리킨다. 루갈다는 보통 중국어로는 '려가전(呂佳田)'이라고 하는데, 1개월을 1편으로 하여 한 해 동안 365명 성인의 전기를 날짜순으로 편성한 『성년광익』에 이렇게 표기했다. 서양

어 성인명을 어떻게 음차했는지는 알 수 없지만, '여아륵액'이 루갈다를 가리킨다는 사실은 분명하다. 이처럼 이순이의 세례명은 루갈다가 가장 정확하다고 볼 수 있다.

　이순이의 생년 역시 분명하지 않다. 어떤 책은 1781년으로 또 어떤 책은 1782년으로 적고 있다. 이순이의 생년을 이렇게 잡은 것은 대개 달레의『한국천주교회사』에 기댄 것으로 보인다. 이 책에서 이순이가 스무 살에 죽었다고 했으니,(1-555) 그것을 기준으로 삼은 것이다. 그런데 이순이가 죽은 때가 양력으로는 1802년이지만 음력으로는 1801년이다. 양력을 기준으로 삼아서 보면 1782년에 태어났다고 해야 스무 살이 된다. 물론 서양식 나이 계산법에 따라서 볼 때 그렇다. 음력을 기준으로 할지 양력을 기준으로 할지, 서양식 나이 계산법에 따를지 한국식 나이 계산법에 따를지에 따라 생년이 달라질 수 있다. 이순이 나이의 혼선은 달레가 책을 편찬할 때 자료로 쓴 다블뤼 주교의 글에서 이미 예비된 것이기도 하다. 다블뤼 주교는 이순이가 죽을 당시의 나이를 한 번은 "18세나 19세"라고 했고 다른 한번은 "20세 혹은 21세"라고 했다. 달레는 아마 후자를 취해 안전하게 20세라고 하지 않았나 한다. 다블뤼가 이순이의 사망 당시 나이를 어떻게 알았는지 알 수 없으나, 이순이의 옥중편지에서 "이십 년을 살았다."고 했으니 그 말에 기댔을 가능성이 없지 않다. 그러나 이 부분은 정확한 정보라기보다 일종의 수사로 읽어야 한다. 자기 인생을 어림하여 표현한 것이다. 이순이의 나이를 정확히 알려 주는 자료는 역시 위에서 언급한 조선 신자들이 북경 주교에게 보낸 편지이다. 여기에서는 이순이의 나이

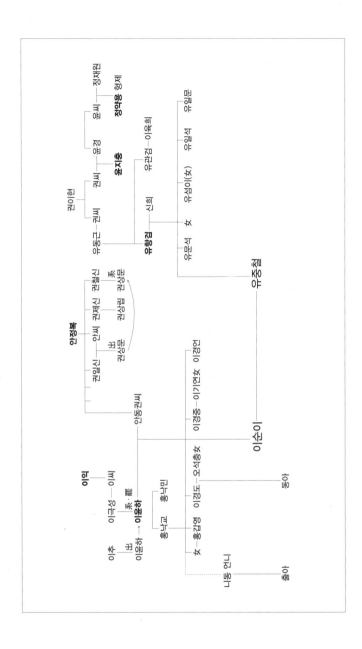

이순이 가계도 및 주요 인물 관계도

를 '23세(年二十三)'로 못 박고 있다. 남편 유중철과 동갑이다. 앞에서 말한 것처럼 이 기록은 이순이를 가장 잘 아는 사람들이 남긴 기록으로 신뢰도가 높다. 이제 이 기록에 따라 이순이를 1779년생으로 보아야 할 것이다.

이순이의 본가, 조선 천주교회 성립기의 모습

이순이의 친정은 조선에서 가장 먼저 천주교를 소개한 집안이다. 『지봉유설』로 유명한 이수광의 후예이기 때문이다. 이수광은 『지봉유설』에서 마테오 리치의 『천주실의』를 인용하여 천주교의 기본적인 정보와 교리를 소개했다. 이순이의 아버지 이윤하(1757~1793)[1]는 이수광의 7대손이다. 흔히 이윤하의 아버지를 성호 이익의 사위인 이극성(1721~1779)으로만 아는 경우가 있는데, 사실 이윤하는 임천 곧 충청도 부여에 사는 이혜주(李惠胄)의 손자, 이추(李碓)의 아들로 이수광의 종손인 이극성에게 입양되었다.[2]

그런데 『승정원일기』 1801년 10월 15일 조는 이윤하의 가계와 관련하여 중요한 정보를 제공하고 있다. 이는 아직 다른 연구에서는 이용한 적이 없는 자료인 듯하다. 이날 이윤하의 양가 쪽 사람들이 이미 죽은 이윤하를 파양할 수 있도록 허락해 달라는 내용의 문서를 예조에 제출했다. 1768년 이수광의 종손 이극성이 후손이 없자 이윤하를 입양했는데, 이윤하는 천주교를 믿다가 귀신의 벌을 받아 죽었고, 그 아들 이경도는 지금 포도청에 갇혀 있어서 종손 노릇을 할 수 없다는 것이다. 비록 입양되어 제사까지 물려받았지만, 그리고 그것이 아들 대에까지 이어진 상황이지만, 사정이 사정인 만큼 양해해 달라고 했다. 죽은 자에게까지 소급하여 종통을 옮기는 것은 예법에도 없는 일이지만, 선조의 중요한 제사를 이런 죄인 무리들에게 맡길 수 없다고 했다. 이렇게 해서 이수광의 후손들은 종손의 파양을 신청하여 허락을 받았다.

이 문서로 인해 이윤하의 삶이 더욱 분명히 드러난다. 이윤하는 태종의 서자인 경녕군의 후손이다. 열두 살 때 이수광의 종손으로 입양되었는데, 입양에는 생부 집안의 문장과 덕망이 고려되었던 듯하다. 이윤하의 할아버지 형제인 이덕주, 이혜주, 이헌주 삼형제는 모두 문장으로 이름이 높았고, 그들의 종형인 이서주와 함께 만든 문집인 『가림사고』는 지금 서울대학교 규장각한국학연구원 등에 남아 있다.

이윤하가 입양될 무렵 양부 이극성은 나중에 정조 임금이 된 세손을 보필하는 익위사(翊衛司)의 위수(衛率)라는 벼슬에 있었다. 위수는 품계가 종6품으로 그리 높다고 할 수는 없지만 동궁의 측근이라는 점에서 장래가 기대되는 자리다. 이윤하의 양부모 집은 명문가 종손집으로 서울의 세족이었다. 또 이극성의 장인은 유명한 실학자 성호 이익이다. 이윤하는 당시 학단을 주름잡던 명사의 외손자가 된 것

이다. 비록 당색으로 보면 권력에서 소외된 남인이지만 학문적 명망과
실력으로는 누구에게도 꿀리지 않는 당당한 명문이었다. 이윤하가 이
익의 수제자인 권철신의 여동생을 아내로 맞은 것도 이런 배경 때문
일 것이다.

　이순이의 친정은 이순이는 물론 오빠와 동생이 모두 순교한 순
교 명가답게 족보 기록이 분명하지 않다. 천주교를 믿다가 '사학죄인
(邪學罪人)'이 되어 '역적'으로 몰려 죽었으니 족보 기록이 온전할 리 없
다. '천주교 역적' 집안의 기록은 기록 자체가 아예 없는 경우가 많을
뿐 아니라, 있다고 해도 "사폐(邪斃)"니 "이사학장폐(以邪學杖斃)"니 죄
를 입어 죽었다는 식으로 짧게 처리하고 있을 뿐이다. 파가저택 등으
로 실제로 공동체에서 완전히 소멸될 뿐만 아니라, 족보 기록 등에서
지워지는 역사적 죽음까지 받았다.

　아버지 이윤하에 대해서도 족보 기록은 분명치 않다. 1860년대
에 편찬되었고 1900년경에 간행된 조선 왕실의 계통을 기록한『선원
속보』의 '경녕군파' 부분을 보면, 아버지 이추 아래에 이윤하라는 이
름은 보이지만, 그 후손을 기록한 단락에는 "후손이 없다(无后)"라고
간단히 적혀 있을 뿐이다. 더욱이 조선 왕조가 무너진 다음인 1922년
에 간행된『선원이씨경녕군파세보』에는 이윤하와 그 후손 대의 내용
이 자세하긴 하지만, 차착이 심하여 도무지 믿을 수 없다. 생몰 연도
도 터무니없고 배우자도 맞지 않다. 이윤하가 양자를 두어 대를 이은
것으로 되어 있는데, 누가 그런 집안에 양자로 들어갔다는 것인지 도
대체 영문을 알 수 없다. 의도한 오류든 의도하지 않은 오류든 족보

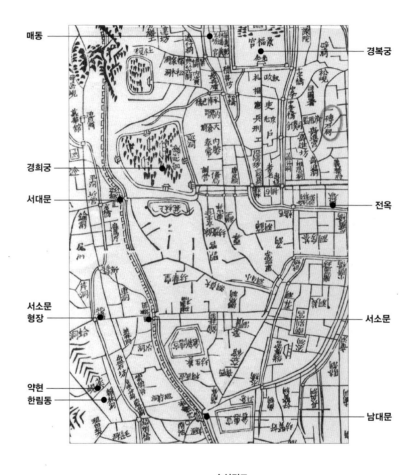

매동

경복궁

경희궁

서대문

전옥

서소문
형장

서소문

약현
한림동

남대문

수선전도

남대문과 서소문 사이 성 밖에
한림동이 있다. 그 약간 북편이
유명한 서소문 형장이다.

이순이 친정 일대와 약현성당

약현성당은 유명한 처형지인 서소문 형장을 바로 내려다보는 위치에
있으며 서울에서 명당성당 다음으로 일찍 건립된 성당이다.
그 남쪽(사진의 왼쪽 부분)이 이순이의 고향인 한림동이다.

편찬에 중대한 문제가 있었던 것으로 보인다. 이 족보에서 이윤하는 이극성의 아들로 나오지 않는다. 파양되었기 때문이다. 족보에는 이극성의 아들로 화성(和誠)의 아들인 부하(溥夏)가 입양되었음을 기록하고 있다.

명문가 자제인 이윤하는 이십 대 초에 이미 천주교에 빠져들었다. 조선에 천주교를 가장 먼저 소개한 이수광의 종손인 데다가, 직접 배움의 기회를 얻지는 못했지만, 외할아버지는 당시 천주교와 서양 학술을 아우르는 이름인 서학(西學)에 대한 이해가 가장 깊은 사람이었다. 그 그늘에서 독실한 천주교인이 나온 것은 어쩌면 당연한 귀결인지 모른다. 이윤하는 주위의 친구들과 함께 급속히 서학에 경도되었다.

조선 최초로 정식으로 천주교의 세례를 받은 사람인 이승훈(李承薰, 1756~1801)은 친척이면서 동시에 한동네 친구였다. 이승훈의 외조부 이용휴는 이윤하의 외조부 이익의 종질이며, 이승훈과 이윤하의 집이 모두 한림동에 있었다. 이순이의 오빠 이경도 등 많은 천주교인이 순교한 서울역 북쪽의 서소문 형장 부근이다. 이 일대에는 황사영 등 많은 남인 천주교 신자들이 살았다. 정약용이 쓴 둘째 형 정약전(1758~1816)의 묘지명을 보면, 정약전은 이윤하, 이승훈, 김원성(金源星) 등과 굳은 친분을 맺었다고 한다. 김원성은 이윤하의 이질 사위이다. 곧 큰동서 조정기의 사위이다.

이승훈은 1783년 서장관으로 북경으로 가게 된 아버지 이동욱을 수행했다. 이때 초기 조선 천주교회의 수장 격이었던 이벽(李檗,

1754~1786)이 이승훈에게 북경에 가거든 정식으로 세례를 받으라고 충고했다. 이승훈은 이벽의 말을 따랐고 조선 최초의 세례 신자가 되었다.(『황사영백서』) 이 일화는 이승훈이 세례를 받기 전에 이미 조선에 천주교에 대한 진지한 종교적 접근이 있었음을 보여 준다. 조선 천주교회의 자생적 성립과 관련하여 중요한 일이 성호 이익의 제자들이 경기도 여주의 주어사와 경기도 광주의 천진암에서 가졌다는 강학 모임이다. 이 모임이 어떤 성격이었는지, 곧 천주교를 공부하는 모임이었는지, 천주교를 공부했다면 어느 수준에서 공부한 모임인지, 제가의 의견이 분분하다. 요컨대 이것을 조선 천주교회의 초기적 형태로 볼 수 있는지가 쟁점이다. 강학의 주제가 천주교인지 유학인지, 그 강학의 개최 시기가 1777년(달레)인지 1779년(정약용)인지도 의견이 갈리고 있다. 핵심은 조선에서 천주교에 대한 진지한 종교적 접근이 언제부터 이루어졌느냐 하는 것인데, 이런 문제라면 호남 선비 황윤석의 일기인 『이재난고』에 나오는 아래 기사는 새롭게 따져 읽을 만하다.

　　『이재난고』 1778년 11월 26일 조에는 황윤석이 이덕무에게 들은 말이 있다. "이덕무가 말했다. 근일 서울에 서학(西學)과 수학을 전문으로 삼은 자로 서명응과 그 아들 서호수가 있다. 또 이벽이 있는데 무인 이격의 동생이다. 이벽은 과거를 포기하고 세상에 나가지 않았는데 그 사람됨이 고결하다. 지금 저동에 산다. 또 정후조가 있는데 문관 철조의 동생이다. 정후조는 지도학에 전심을 하여 일찍이 말하기를 「대청일통지여도」가 실로 정밀하지만 『대청회전』에 실린 것만 못하다

했다고 한다."[3] 이벽이 과거를 포기하고 수학을 포함한 서학에 전념한 사실을 말하고 있는데, 특별히 사람됨이 고결하다고 말한 것에서 어떤 종교적 냄새가 감지된다. 또 종전에 이벽의 집은 정약용이 쓴 이가환의 묘지명에 따라 수표교에 있다고 했는데, 그 약간 남쪽의 저동이라는 것이 밝혀져 있다. 황윤석이 말한 서학이 천주교 신앙을 뜻하는 것이 아니라 해도, 아직 이벽이 적극적으로 다른 사람에게 포교하는 단계가 아니라 해도, 이승훈이 세례를 받기 오 년 전에 이미 이벽이 서양의 학술과 사상에 상당히 깊이 빠져 있음을 볼 수 있다.

숭실대학교 한국기독교박물관에는 김양선(1908~1970) 목사의 소장품이었던 『만천유고』, 『유한당언행실록』과 같은 이벽과 관련된 사료가 있다. 『만천유고』는 이승훈의 문집으로 여기에는 1779년 이벽이 지었다는 「천주공경가」와 같은 가사가 있고, 『유한당언행실록』은 이벽의 초취 부인인 안동 권씨의 작으로 알려져 있는, 소박하고 초보적인 수준이기는 하지만, 최초의 천주교적 여성 교훈서다.[4] 이벽이 1784년 재취인 해주 정씨와의 사이에서 이현모라는 아들을 얻었음을 볼 때, 삼년상 기간과 임신 기간 등을 생각하면, 유한당은 1780년 이전에 죽은 것으로 짐작된다. 이렇게 보면 이 두 자료는 조선 천주교회사에서 가장 이른 시기의 신앙적 상황을 보여 주는 자료라고 말할 수 있다. 지금까지의 연구에서 이들 자료는 너무 앞선 시기의 기록이라는 점에서 의심을 받았는데, 『이재난고』의 기록은 그것들이 위작이 아닐 가능성을 높여 준다.

이벽은 초기 천주교 공동체의 대표였고, 이윤하는 그 공동체

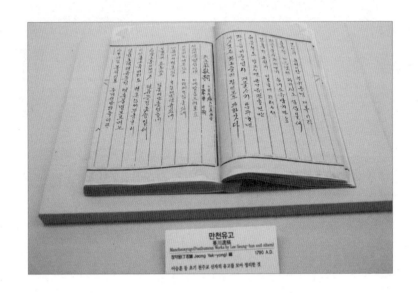

『만천유고』

천주공경가 부분.

숭실대학교 한국기독교박물관 소장.

의 핵심 인물이었다. 그들의 종교 행위는 조심스럽게 이루어졌으나 1785년 형조에 적발되고 말았다. 이른바 '을사 추조 적발 사건'이다. 을사년인 1785년, 추조 곧 형조에서 범인들을 적발해 낸 사건이라는 뜻이다. 반천주교적인 내용들을 편집하여 엮은 책인 『벽위편』에는 당시의 상황을 다음과 같이 적고 있다.

1785년 봄 서울 을지로입구 근처의 장악원 앞 김범우 집에서 어떤 모임이 열렸다. 방 안에는 여러 사람이 앉아 있었는데, 이벽은 어깨까지 내려오는 푸른 두건을 쓰고 아랫목에 앉았고, 이승훈과 정약용 삼형제, 그리고 권일신, 권상문 부자는 스스로 이벽의 제자라 하며 책을 끼고 앉아 있었다. 이들의 관계는 보통의 유교식 사제 관계보다 더 엄해 보였다. 이들은 날을 따로 정해 규칙적으로 모임을 가졌는데 양반과 중인 수십 명이 참석했다. 정기적으로 종교 의식을 거행했던 모양이다. 모임이 지속되자 형조 관리가 수상히 여겼다. 혹시 법을 어기고 술 먹고 노름을 하는 것 아닌가 했다. 형리가 단속하려고 그 집에 들어가니 모습들이 해괴했다. 사람들이 얼굴에 분을 바르고 푸른 두건을 쓰고 있었으며 알 수 없는 행동들을 하고 있었다. 나름 격식을 갖추어 종교 의식을 올렸던 모양이다. 형리가 일단 예수의 화상과 서책 등을 압수하여 본서에 바쳤다.

당시 형조 판서는 노론의 김화진이었다. 김화진은 모인 사람들 중에 양반 자제들은 타일러 돌려보냈고, 중인인 집주인 김범우만 수감했다. 당파 간의 조정을 중시하는 임금의 의중을 생각하여 당쟁을 촉발시키지 않으려고 형조 판서가 일을 적당한 선에서 무마한 듯하다.

노름하는 사람을 기찰하는 장면

김윤보 작. 『형정도첩』 수록.

천주교인이 종교 의식을 드리는 모습은 밖에서 보면 나라에서 금하는
도박장과 비슷해서 도박 단속을 하다가 걸린 경우가 드물지 않다.
1801년 신유박해의 발단이 된 1800년 12월 19일의 천주교도
적발 사건도 형조의 나졸이 시끄러운 소리가 나는 곳을 투전판으로
오인하고 단속하려다가 찾아낸 것이다. 조선 시대의 경찰이라고 할 수
있는 포도청의 사무 처리 내역 문건인 『포도청등록』을 보면 도박하는
자들을 잡았다는 내용이 많다. 도박은 조선 후기에 집중적으로
단속되었던 범죄다.

그런데 뜻밖에 풀려난 사람과 그 동료들이 집단으로 항의했다. 권일신이 앞장을 서고 이윤하, 이총억(李寵億, 이기양의 아들이자 권철신의 사위) 등 네댓 명이 형조로 몰려가서, 자신들도 김범우와 함께 벌을 받게 해달라고 했다. 또 압수당한 예수의 화상도 돌려달라고 했다. 명가의 양반 자제가 함께 벌을 받겠다고 자청함으로써 노론 대신인 형조 판서의 입지를 좁혀서 김범우를 풀려나게 하고자 한 행동으로 짐작된다. 어쨌든 이 사건은 천주교에 대한 첫 번째 박해였다. 김범우는 충청도 단양으로 유배 가서 일 년 만에 죽고 말았다.

이윤하는 이 사건 후에도 천주교를 버리지 않았다. 1791년 윤지충과 권상연이 순교할 당시 성균관 유생들이 연명을 하여 올린 상소에 이윤하는 처남 권일신의 무리로 천주교의 주요 인사로 거명되었다. 1791년의 신해박해는 십 년 후의 대박해인 1801년 신유박해의 시험 무대였다. 이때 많은 사람들이 순교했고, 그때 배교한 사람들 중 일부는 십 년 후에 순교했다. 이순이의 외삼촌 권일신도 이때 고문을 받고 죽었다. 당시 이순이의 나이는 십삼 세에 불과했지만, 외삼촌이 받은 박해를 생생히 느꼈을 것이다. 아버지 이윤하도 이때 받은 신문의 후유증으로 다다음 해에 죽은 것으로 짐작된다. 이순이에게 순교는 이미 이때부터 준비되었을 것이다.

이순이의 외가,
순교 명문가의
순교 역사

이순이의 어머니는 안동 권씨(1754~1835)로 권암(權巖)의 딸이 자 이익의 수제자인 권철신의 동생이다. 권암에게는 5남 2녀의 자식이 있었는데, 아들로는 권철신, 권제신, 권일신, 권득신, 권익신이 있고, 딸은 각각 조정기, 이윤하와 결혼했다. 조정기(趙鼎基, 1737~1815)의 나이로 볼 때 장녀가 자식들 중 가장 맏이가 아닌가 하며 이순이의 어머니는 7남매 중 막내인 듯하다.

이순이의 외가는 경기도 양근에 있었다. 지금의 양평이다. 이 일대에는 윤유일 등 남인 천주교 신자의 집이 많았다. 『사학징의』에 나오는 이순이의 외사촌 권상문의 진술을 보면, 이웃에 사는 김원숭, 조동섬 그리고 윤유일 윤유오 형제, 이준신 등과 늘 천주학을 강습했다고 했다. 이순이의 외가는 물론이지만, 조동섬 윤유일 집안 역시 이순이 외가 못지않은 천주교 명가다. 양근은 조선 천주교의 발상지라고 해도 과언이 아닌 곳이다. 이 동네에는 신흥 신앙공동체가 가질 법한 활기와 따사로움이 넘쳤던 듯하다. 정약용은 이순이의 큰외삼촌인 권철신의 묘지명에서 이 집안의 분위기에 대해 이렇게 말했다.

요즘 세상의 학문은 말로만 빠져서 이기(理氣)와 성정(性情)을 논하지만 실천은 소홀하다. 그런데 공(권철신)의 학문은 오로지 효제

충신(孝悌忠信)에 중심을 두고, 부모의 뜻을 따르고 봉양하며 친구와 형제를 자기 몸처럼 아끼게 했다. 그 문하에 들어간 자는 난초가 핀 방에 들어간 것처럼 향기가 사람을 감싸는 듯한 화기(和氣)를 느꼈다. 아들과 조카가 집안에 가득한데 모두 한 형제처럼 어울리니, 그 집에서 달포 이상은 머물러야 비로소 누가 누구의 아들인지 알 수 있었다. 노비나 땅이나 곡식을 모두 함께 사용하여 내 것과 네 것의 경계가 없었다. 심지어 집에서 기르는 짐승들까지도 모두 양순하여 물고 뜯고 싸우는 소리가 없었다. 진귀한 음식이 생기면 아무리 적어도 잘 나누어 종들도 맛볼 수 있게 했다. 이리하여 친척과 이웃이 감화되었고 동네에서 사모했으며 먼 곳의 사람들까지 우러렀다. 학문과 실천에 힘을 쓰는 훌륭한 뜻을 지닌 선비들이 모두 공을 표준으로 삼고 그 문하로 자제를 들여보냈다. 공의 명성이 자자했다. 세상 사람들은 송나라의 유명한 학자 정호 선생이 다시 태어났다고 했다.

인용문은 권철신 집안의 경우지만, 권철신이 이순이의 어머니와 거의 이십 년 가까운 나이 차이가 있음을 감안하면 이순이의 어머니도 이런 분위기에서 성장했다고 볼 수 있다. 집안에는 화기가 넘치고, 이웃, 일가형제들과 내 것 네 것 나누지 않고 서로 나누고 베풀며, 늘 젊은 사람들이 찾아와 배움을 구하는 그런 따사롭고 활기찬 분위기에서 자란 것이다. 전통적 유토피아인 유교적 대동사회를 연상한다면 이런 분위기를 꼭 천주교와 연관시킬 것은 아니다. 이 무렵 경기도 가평의 판미동과

양근성지 순교자기념성당

권철신 형제가 살았던 경기도 양평군 남한강 가에 세운 성당이다.
이곳은 권 씨 집안은 물론, 윤유일, 조동섬 등 초기 천주교회 지도자들의
터전이기도 했다. 여기에서 충청도, 전라도 등으로 천주교가 퍼져
나갔으니 실로 한국 천주교회의 요람이었다. 부근에 다산 정약용의
생가가 있는데, 유명한 다산 형제의 신앙도 양평의 이런 신기운 속에서
태어났다.

광주의 미원촌에는 이런 이상적 공동체의 실험이 있었던 것으로 전해지고 있다.[5] 어쨌든 이순이의 어머니는 이런 종교적 이념적 분위기와 건강함이 느껴지는 곳에서 자랐다.

이순이의 외가는 조선 천주교의 명가로 박해와 순교의 역사를 한눈에 보게 하는 집안이다. 다른 형제들도 말할 것 없지만 장남인 권철신 가계만 봐도, 1801년의 신유박해로 권철신은 옥사했고 아들 권상문(생부는 권일신으로 권철신에게 입후되었다.)은 참수되었다. 권철신의 손자 황(愰, 1791~?)과 경(憬, 1797~1840)[6]은 1839년의 기해박해 때 체포되어 "수난사(受難死)"했다. 가승에 그렇게 적고 있다. 수난사란 대개 고문 후유증 아니면 극심한 빈곤으로 얼어 죽거나 굶어 죽은 것을 가리킨다. 권황의 아들과 손자 역시 1866년 병인박해 때 각각 참수와 수난사를 당했다. 다행히 권경의 아들이 경기도 용인의 사리티로 피난을 가서 가까스로 핏줄을 이었다.

이들 권씨 집안은 1801년 신유박해 이후 조선 천주교가 완전히 와해될 위기 상황에서 신자들을 격려하며 이끌었고, 고난에 처한 조선 신자들을 도와줄 것을 청원하는 편지를 교황에게 보내는 등 천주교회 재건에 주도적 역할을 수행했다. 달레는 『한국천주교회사』에서 흔히 「신미년 백서」라고 부르는 1811년 조선 신자들이 교황에게 보낸 편지를 쓴 사람을 '권기인'이라고 하면서, 백수십 명이 죽고 사백 명 가까운 사람들이 유배형을 받은 엄청난 박해에서 천주교 공동체가 와해될 어려운 순간에, 그 공동체를 이끌며 위기를 극복한 사람이 누구인지 어떻게든 밝혀내야 한다고 했다.[7] 그 전에 만 명에 육박하던 신자

옥중편지의 배경

중에 오백 명 이상이 공식적으로 처벌을 받은 상황이었으니 신자들은 배교하거나 숨어 살 수밖에 없었는데 이런 절체절명의 위기 상황을 극복하는 데 주도적인 역할을 한 사람을 찾아내지 않으면 안 된다는 것이다. 최근 임성빈이 1807년에 간행된 안동 권씨 족보를 발굴하여 권기인이 바로 권철신의 동생인 권제신의 아들 권상립임을 밝혔다. 달레가 말한 '기인'은 상립의 자(字)였다.[8]

이런 독실한 천주교 신자의 집안에서 자라나 역시 독실한 천주교 집안으로 시집온 이순이의 어머니는 모진 박해를 겪으면서도 무려 여든두 살까지 살았다. 십 대 중반에 시집와서 마흔 살에 천주교 포교에 앞장선 남편을 잃었고, 마흔일곱에는 자식 남매와 형제 조카가 천주교 신자로 죽었다. 그리고 다시 일흔네 살 때 막내아들이 순교했다. 초년과 젊은 시절의 화목하고 단란한 시간을 뒤로하고 중년부터는 계속 형제와 자식을 잃는 슬픔을 겪어야 했던 것이다.

이순이의 형제와 사돈, 천주교 집안의 혼맥

오 남매와 그 이름

이순이의 형제는 오 남매로 알려져 있다. 이순이의 막내 동생이 어머니와 다른 식구에게 보낸 편지에 그렇게 말하고 있다.[9] 이순이의 오빠 이경도가 어머니에게 보낸 편지에 "매형"과 "누이님"이 나오는 것으로 보아 이경도 위에 이윤하의 장녀가 있다고 볼 수 있고, 그다음이 이경도, 그 아래가 이순이, 그리고 이경도의 편지에 나오는 "정중과 희아"의 다섯 형제가 있다. 이 밖에 이순이의 옥중편지를 보면 이순이 아래에 이순이가 죽기 전에 죽은 동생이 한 명 더 있었던 듯하다. 이순이가 편지에서 천국에 가서 이미 죽은 시아버지, "내의 동생", 남편을 만나고자 한다고 말하고 있기 때문이다. 나이와 정황을 감안할 때, 그 동생은 이순이 바로 아래의 남동생으로 짐작된다. 여동생이라면 당시 표현 관습에 따라 "내 아우"라고 했을 가능성이 높기 때문이다.[10] 이렇게 보면 기록으로 확인되는 이순이의 형제는 여섯 명이다.

이순이 친정 집안의 족보에는 이윤하 다음 세대, 곧 이순이 대에 대해서는 전혀 기록되어 있지 않거나 완전히 엉뚱하게 적혀 있어서 참고할 수 있는 것이 없다. 다만 이윤하 다음 세대의 항렬자가 '병(秉)' 자임을 확인할 수 있을 뿐이다. 다들 '秉○'이라는 이름으로 되어 있다.

『사학징의』의 이경도 신문 기록을 보면, 이경도는 아명이 오희(五喜)라고 했다. 실제로 『사학징의』의 여기저기 신문 기록에서 이경도라는 이름보다는 이오희라는 이름이 더 많이 불리고 있다. 이경도는 젊은 시절까지 계속 아명으로 불렸다. 『사학징의』에서는 또 '경도'라는 이름이 이가환이 지어 준 것이라고 했다. 이가환의 아버지 이용휴는 이윤하의 외조부인 이익의 종질이다. 이경도의 외가 쪽 아저씨가 이름을 지어 준 셈이다. 그렇지만 『사학징의』는 친척 아저씨가 이름을 지어주었다는 데 무게를 두고 기록되었다기보다 이가환이 남인의 영수라

는 데 무게를 둔 듯하다. 이가환을 천주교와 연관 지으려는 뜻이 아닌
가 하는 것이다.

이순이의 오빠는 그래도 이름과 아명까지 분명히 남아 있지만,
동생들의 경우에는 이름조차 분명하지 않다. 특히 이순이 바로 아래
남동생의 경우, 이경도의 편지에 "정중과 희아"라고 했고, 이순이의 편
지에 "경이 형제"라고 한 것이 전부다. 이순이 옥중편지의 한 번역본
해설에는 집안의 가승에 그 동생의 이름이 '이경중(李景重)'으로 되어
있다고 했으나,[11] 필자가 확인한 결과 이 이름은 보이지 않았다. 가승
에는 이윤하의 자식으로 오직 이순이의 오빠인 경도와 막내 동생으
로 알려진 경회(景會)만 기록되어 있을 뿐이다.

가승에 이순이와 이순이의 언니, 그리고 바로 아래 남동생의
이름이 없는 이유는 알 수 없다. 그리고 막내 동생의 이름이 종전에 알
려진 것처럼, '경언'이 아니라 '경회'인 것도 그렇다. 가승에 적힌 이경
회의 생몰년을 볼 때, '경회'가 '경언'이라는 점은 의심하기 어렵다. 더
욱이 가승의 기록자는 경회의 아들이다. 아들이 아버지 이름을 허투
루 기록할 리 없다. '경언'이라는 이름은 『승정원일기』에 나온다. 그런
데 달레의 『한국천주교회사』에서는 경회에 대해 "이종회 바오로의 관
명은 경변"이라고 했다. 이름은 '종회'요, 자(字)가 경변이라는 것이다.
다블뤼의 글에서는 경변을 '경병'이라고 했다. 달레 책의 한국어 번역
본에서는 '경변'이나 '경병'이나 모두 '경언'의 오기로 보았다. 또한 가
승에는 '경회'에 대해 서술하면서 '경' 옆에 '병(秉)' 자를 부기했다. '병
회'라고도 했다는 말이다. 이처럼 이순이 막내 동생의 이름이 이경회

인지, 이병회인지, 이종회인지, 이경언인지 분명하지 않다. 역적으로 몰린 집안 사람들이 적지 않게 그렇듯이 자의든 타의든 이름을 계속 바꾸었을 수 있다. 거론된 이름들이 어느 하나만 맞다고 할 수 없고 모두 어떤 시기에 어떤 상황에서 사용된 것이었을 가능성이 있다는 말이다. 다만 가승에서 '경회'라고 적고 있으니 후대에 집안에서는 '경회'를 대표 이름으로 삼았다고 말할 수 있다.

엄밀히 기록만 가지고 말하면, 이순이 형제들의 이름은 이경도, 이정중, 이경회로 보는 것이 옳다고 하겠지만, 두 형제의 이름이 '경'으로 되어 있는 것으로 보아, 또 이순이의 편지에서도 남동생 둘을 "경이 형제"라고 한 것으로 보아, 이순이 바로 아래 동생의 이름은 '경중'일 가능성이 높다. '정중'을 '경중'의 오기로 볼 수 있는 것이다. 이렇게 보면 이순이 형제의 이름은 이경도, 이경중, 이경회라고 말할 수 있을 것인데, 이경회가 『승정원일기』에 이경언으로 나와 있으니, 이경언 역시 세상에 널리 사용된 이름으로 볼 수 있고, 따라서 이경회는 종전처럼 이경언으로 불러도 무방하다고 할 수 있다. 이처럼 '사학죄인'은 자기 이름조차 제대로 간직하기 어려웠다.

형부 홍갑영

이순이 옥중편지의 수신자는 친정어머니와 친정에 있는 두 언니다. 편지에는 친정집 식구들의 이름과 상황이 일면만 나타나기에, 집안 사정을 알지 못하면 편지 내용의 맥락을 파악하기 어렵다. 더욱이 앞에서 언급한 것처럼 이들은 '사학죄인'으로 사회적으로 소멸된 존재였다. 이런 집단의 기록을 조금이라도 더 정밀하게 이해하자면 자료를 최대한 광범위하게 수집하여 꼼꼼하게 살펴보는 수밖에 없다. 다만 지금까지는 워낙 자료가 희소하여 이들 형제들이 누구와 결혼했고 어떤 처지였는지 거의 밝혀내지 못했는데, 이 책에서는 몇 가지 새로 발견한 단서를 토대로 그것을 얼마간 밝힐 수 있었다.

이순이의 시집을 주 대상으로 삼아 연구를 진행한 주명준 교수는 유홍렬 교수가 발굴 소개한 현재 한국교회사연구소에 소장된 『남보(南譜)』에 의거하여 이윤하의 두 딸이 각각 홍낙교(洪樂敎)의 아들인 홍갑영(洪甲榮)과 홍낙교의 동생인 홍낙민의 손자 홍봉주와 결혼했다고 했다.[12] 한 집의 두 딸이 당숙과 조카와 결혼한 셈이다. 그런데 『승정원일기』 1878년 6월 16일 조를 보면 '대역부도 죄인'인 홍봉주의 아들과 처에 대해, 아들은 아버지의 죄에 연좌하여 교수형을 집행하기에는 어린 나이인 열네 살이므로 유배를 보내고, 아내 김씨는 연좌의 율에 따라 함경도 홍원의 여종으로 보내라고 했다. 홍봉주의 아내가 이윤하의 딸 이씨가 아니라 김씨인 것이다. 또 근년에 간행된 풍산 홍씨 족보(『풍산홍씨대동보』, 1985)에는 홍봉주의 아내를 "심소사(沈召史)"라고 했다. '소사'는 '조이' '소이' 등으로 읽는데 대개 평민 여성을 가리키는 어휘다. 심씨라는 말이다. 홍봉주의 아내가 김씨든 심씨든 『남보』의 기록은 오류로 보인다. 현실적으로 이윤하에게는 홍봉주에게 보낼 딸이 더 있지도 않다.

그렇다면 이윤하의 딸이 홍갑영과 결혼했다는 정보 역시 덩달아 믿지 못할 것인가. 임성빈이 소개한 안동 권씨 족보에는 이순이의 외삼촌 다섯 형제 외에 두 딸이 기록되어 있는데 각각 조정기, 이윤하와 결혼했음을 표시했고, 그 아래에 또 각각 딸이 하나 있음을 기록했다.[13] 그리고 딸 옆에는 사위 이름을 적어 놓았는데, 김원성과 홍갑영이다. 이 족보에 김원성은 '金源性'으로 기록되어 있으나, 그 처가인 한양 조씨 족보와 기타 기록을 볼 때 '金源星'의 오기임을 알 수 있다. 김원성은 이윤하와 함께 권철신 문하에서 배우며 친하게 지낸 인물이다. 나중에는 반천주교 대열로 돌아섰지만 초기에는 함께 천주교의 길을 갔다. 이 족보는 이윤하의 장녀만 기록할 정도로 오래된 정보를 토대로 작성된 듯한데 그만큼 이 사람들의 생존 시기와 가까워 신뢰도가 높다. 이 족보에 의거하여 이순이의 형부 한 명이 확인되는 셈이다.

홍갑영이 어떤 사람인지 족보에는 더 구체적인 정보가 없다. 다만 『남보』의 기록과 주변 정황을 고려할 때 홍낙교의 아들로 볼 수 있다. 이윤하와 통혼할 수 있는 홍씨 집안은 이 집 정도밖에 없다. 홍낙교는 순교자 홍낙민의 형으로 이 집안 역시 남인 천주교 집안이다. 『사마방목』에 따르면 홍낙교는 1740년생으로, 1780년에 생원시에 3등으로 합격했고, 1797년까지 삼가 현감 등 지방관을 지냈다. 벼슬살이를 계속한 것으로 보아 그가 천주교에 대해 조심스러운 행보를 보였음을 짐작할 수 있다. 그 때문인지 천주교를 비판하는 상소문 등에 홍낙교의 이름은 보이지 않는다. 홍낙교의 자식들에 대해서는 채제공이 쓴 홍낙교의 아버지 홍양한(洪亮漢)의 묘지명이 신뢰할 만하다.

공의 부인은 여흥 이씨로 이종환의 딸이다. 익헌공 이상의의 후손이다. 공은 두 아들을 두었는데, 큰아들은 낙교로 지금 삼가 현감이고, 작은아들은 ○○이다. 낙교는 아들 하나가 있는데 갑영이며, 두 딸 중에 장녀는 이명하와 결혼했고 차녀는 이택규의 부인이 되었다. 모두 전처 남원 윤씨의 소생이다. 또 어린 딸이 하나 있는데 후처 합천 이씨의 소생이다. ○○의 딸은 장녀는 이원홍과 결혼했으며, 아들로는 백영, 역영, 재영이 있고, 차녀는 아직 결혼하지 않았다. 갑영은 딸이 하나 있다. 이원홍은 딸 둘이 있는데 모두 어리다.[14]

홍갑영은 본관이 풍산으로 『한중록』으로 유명한 사도세자의 부인 혜경궁 홍씨와 한집안이다. 그러나 혜경궁 집안에서 중시조로 치는 홍이상 아래에서 갈라져 당색까지 완전히 달라졌다. 혜경궁 집안은 노론이 되었고 홍갑영 집안은 남인이 되었다.[15] 채제공이 쓴 묘지명에 낙교의 동생, 낙민은 이름이 지워져 있다. 사학죄인으로 사형을 당했기 때문에 후대에 지웠을 것이다. 2008년 간행된 『풍산홍씨대동보』를 보면 낙교의 아들 이름은 "갑모(甲謨)"로 되어 있으며 다른 내용은 더 없다. 갑영의 '영'이나 갑모의 '모'나 모두 이 집안에서 항렬자로 쓰고 있으므로, 동일인으로 볼 수 있을 듯하다.

지금까지의 연구는 이순이가 두 언니에게 보냈다는 편지의 수신자를 친언니와 올케언니로 보았다. 편지에서 "큰형님"이라고 말한 사람을 이순이의 친언니로 보고, "작은형님"이라고 말한 사람을 오빠 이경도의 부인으로 본 것이다. 이순이가 편지에서 그린 큰형님은 어릴 때 자기를 품에서 키워 주었고 '니동'으로 시집을 갔는데 시어른들은 참경을 당했고 부부가 무슨 불화가 생겨 어려움을 겪고 있는 상황이라고 했다. "니동에서는 형님 시어르신네의 참경을 보시고 슬퍼하시는 중에 병이나 나지 않으셨는지요? 아주버님께서도 신상이 평안하시며 출아도 튼튼하지요?"라고 했다.

　　이순이 큰언니의 시집이라면 홍갑영 집안일 것인데, 홍갑영 집안이 '니동'에 있었는지는 확인할 수 없다. 니동은 창덕궁 남쪽의 운니동을 가리킬 가능성이 높은데, 당시 천주교 관련 자료에서도 거주지가 니동으로 기록된 교인의 이름은 확인되지 않는다.[16] 그리고 『사학징의』에 있는 홍낙민의 아들 홍재영의 공초를 보면 집이 이문동(里門洞)이라고 했다. 지금은 일반적으로 이문동이라고 하면 동대문 밖에 있는 동네를 떠올리지만 남대문 밖에도 이문동이 있었다. 홍재영의 집은 남대문 쪽일 가능성이 높다. 근처에 남인 천주교 신자들이 많이 살았기 때문이다. 홍갑영의 집이 어디에 있었는지 알 수 없지만 다른 조건을 감안할 때 '니동' 집을 이순이의 큰언니 집으로 보기는 어렵다. 이순이의 아버지 이윤하의 나이를 고려할 때 큰언니가 이순이를 품에 품고 키울 정도로 나이가 많을 것 같지도 않고, 더욱이 이순이는 니동 언니의 남편을 '아주버님'이라고 부르고 있는데, 형부를 아주버님으로 부르는 것은 어색한 용법이다. 원문에 "아ᄌ바님"으로 나오는 아주버님은 고어사전에서도 시숙이라는 뜻으로만 사용되고 있다.(박재연, 『필사본 고어대사전』) 이런 여러 근거를 놓고 보면 이순이가 큰형님으로 부른 사람은 친언니 곧 홍갑영과 결혼한 언니는 아닌 듯하다.

『승정원일기』 1868년 윤4월 7일 조를 보면 홍낙교의 외손자인 이재의의 사형선고문이 있다. 이재의는 죽을 당시 61세였는데, 할아버지는 이승훈이고 아버지는 이택규라고 했다. 앞에서 소개한 채제공이 쓴 묘지명에 나오는 홍낙교의 차녀와 결혼한 그 이택규다. 이재의는 강원도 정선에서 태어나 경기도 남양으로 이사 와 살았다고 했다. 이승훈의 아들 이택규가 도망을 쳤는지 유배를 왔는지 알 수 없지만 서울 사람이 천주교를 믿다가 강원도 정선의 벽촌까지 쫓겨 왔던 것이니 형률에 따라 노비가 되었던 듯하다. 홍낙교 역시 1801년 2월 동생 홍낙민이 참수되었을 때 더 이상 세상에 설 수 없었을 것이다. 연좌죄를 피할 수 없었을 것이니 형률에 따라 역시 노비가 되었을 것이다. 남인 명문가의 친손이자 외손인 사람이 노비로 시골을 떠도는 신세가 되어 버린 것이다. 족보에서도 홍낙교는 생년만 적었지 몰년은 적지 않았다. 무덤도 어디 있는지 모른다고 했다.

큰올케, 오석충의 딸

오빠 이경도는 이순이의 옥중편지에서 가장 비중 있는 인물이다. 옥중편지가 실린 책 맨 앞에 이경도가 어머니에게 보내는 편지가 있다. 『사학징의』를 보면 이경도는 스스로 곱추〔抱龜背之病〕라고 했다. 그래서 사람들을 별로 만나지 않았다고 했다. 달레는 이경도가 세상에 휩쓸리지 않으려고 일부러 꼽추 행세를 했고 나중에는 진짜 그렇게 되어 버렸다는 이야기가 있다고 덧붙였다.(1-602) 동생 이순이에게는 신앙의 본이 된 이경도는, 동생보다 하루 앞서 자기가 나고 자란 마을의 한 귀퉁이에서 칼을 맞고 순교했다. 이순이의 편지에서 이경도의 아내는 가장 중요한 수신자이지만, 지금까지 이순이의 올케에 대해 아무것도 알지 못했다.

이순이 친정집의 사돈들과 관련해서는, 앞서 소개한 『승정원일기』 1801년 10월 15일 조에 중요한 단서가 있다. 이윤하의 파양을 허락해 달라며 문중에서 제출한 문서에 대한 것이다. 거기에 보면 "이윤하는 사학의 괴수인 권철신의 매부이며, 유항검, 이기연, 오석충의 가까운 인척(切姻)입니다."라고 했다.[17] 이 문서는 파양을 요구하는 것이기에 이윤하가 '사악한' 천주교 무리와 얼마나 깊이 결탁해 있는지 보여주고자 했다. 권철신은 물론 유항검, 이기연, 오석충은 모두 천주교로 인해 능지처참, 참수, 유배 등의 박해를 당한 사람이다. 권철신이야 처가니까 이윤하가 주도해서 관계를 맺었다고 볼 수 없지만, 나머지 사람들은 이윤하가 일부러 인척을 맺었다고 말할 수 있는 사람들이다. 이윤하가 일부러 천주교도들과 관계를 맺었음을 강조하고자 쓴 문장으로 볼 수 있는 것이다. 이 문장에서 '가까운 인척'은 용례로 보나 문맥으로 보나 글의 의도로 보나 사돈가를 가리키는 것이 분명하다. 유항검이야 이순이의 시집으로 널리 알려졌으니 더 말할 것이 없지만, 이윤하가 이기연, 오석충과 맺은 관계에 대해서는 아직 알려진 것이 없다. 이기연에 대해서는 다음 절에서 언급하기로 하고 여기에서는 먼저 이경도의 처가로 추정되는 오석충에 대해 살펴보기로 한다.

오석충(1743~1806)은 동복오씨 묵재공파 수촌공 오시수의 후예다. 그에 대해서는 정약용이 지은 묘지명이 있어서(「梅丈吳錫忠墓誌

銘) 자세한 사정을 알 수 있다. 정약용은 오석충을 누구보다 잘 안다고 했다. 오석충은 딸 하나가 있을 뿐인데, 권상문(1769~1801)과 결혼해서 아들 형제를 두었다고 했다. 권상문은 족보상으로는 권철신의 아들지만, 정약용의 권철신에 대한 묘지명(「鹿菴權哲身墓誌銘」)에 의하면, 아우 권일신의 아들로 대를 잇게 한 것이라고 한다. 정약용이 오석충을 잘 안다고 했으니 그 자제들을 모를 리 없을 텐데, 딸 하나라고만 했다. 그렇다면 오석충에게는 이윤하 집안과 결혼시킬 다른 자식이 없는 셈이다. 2004년 간행된『동복오씨대동보(同福吳氏大同譜)』에도 오석충의 자식은 양자 오선(吳瑄)만 기록되어 있다. 사정이 이렇다면『승정원일기』의 기록을 의심해야 할 듯하지만, 이윤하와 오석충과의 관계를 보여 주는 것은 이것만이 아니다.

『승정원일기』 1801년 2월 23일 조에 있는 대사간 목만중이 올린 상소를 보면, 오석충이 권철신, 이윤하와 인척 관계를 맺고 있다고 했다.[18] 앞서 말한 것처럼 오석충은 권철신의 아들인 권상문의 장인이다. 권철신 다음으로 이윤하를 말하고 있는데 문맥으로 보면 오석충에게 다른 자식이 있어서 이윤하의 자식과 결혼시킨 것이 된다. 정약용은 오석충에 대한 묘지명에서 목만중과 오석충은 혐원이 깊다고 했다. 상대를 공격하는 뜻이 강한 상소인 셈이다. 공격하는 상소라고 해서 터무니없는 말을 쓸 수 없다. 더욱이 쉽게 검증할 수 있는 사실은 더 정확히 쓰려고 했을 것이다.

이순이의 옥중편지를 보면 이경도의 처가는 '매동'에 있다고 했다. 이순이는 올케에게 "매동에서 언제 유배지 안부나 들으셨는지요?"

라고 묻고 있다. 그런데 공교롭게 오석충 역시 매동에 살았다. 정약용은 오석충에 대한 묘지명에서 오석충이 매자항(梅子巷)에 살았기에 호를 매장(梅丈)이라고 했다고 했다. 매동은 매짓골로 불렸다.[19] 매짓골이 곧 매자항인 셈이다. 서울 경복궁 서쪽 동네다. 『승정원일기』에서는 오석충의 거주지를 경기도 과천이라고 했지만, 그것은 시골집일 것이다.

이런 증거에도 불구하고 오석충에게는 딸 하나가 있었다는 정약용의 말은 풀어야 할 문제다. 그런데 이 부분은 정약용이 오석충의 묘지명을 쓴 시점을 고려하면 어느 정도 해답이 마련된다. 결론부터 말하면 정약용이 오석충의 묘지명을 쓸 무렵 오석충의 혈육은 장녀 또는 그 자손밖에 남지 않았다는 것이다. 차녀와 그 자손은 이 세상에서 완전히 자취를 감추었던 것이다. 정약용은 세상에 아무 흔적도 남기지 않은 사람들까지 들추어 쓰지는 않았던 것이다.

오석충은 1801년 2월 체포되어 다음 달 임자도로 귀양을 갔다. 그리고 1806년 귀양지에서 죽었다. 정약용이 쓴 오석충 묘지명의 작성 시기가 언제인지 분명하지 않지만, 대체로 정약용이 해배된 1818년 이후로 보고 있다. 이순이의 편지에 나오는 이경도의 부인과 외동딸 '동아'는 1827년 이순이의 막내 동생 이경언이 본가에 보낸 편지에는 나오지 않는다. 이경도가 처형을 당한 다음 그 아내와 딸도 오래 목숨을 지탱하지 못했던 듯하다. 정약용이 오석충의 차녀를 모르지는 않았겠지만, 세상에 아무런 흔적도 남기지 못하고 떠난 그들을 새삼 언급할 이유는 없었을 것이다.

오석충은 1801년의 박해에서 바로 처형을 당하지 않았을 만큼,

천주교와의 관련이 무겁지 않았다. 정약용 역시 오석충과 천주교의 관련을 강하게 부정하고 있다. 그런데도 천주교를 공격하는 사람들은 오석충을 거세게 비판했다. 심지어 혜경궁의 동생인 홍낙임이 오석충을 만났다는 혐의까지 만들 정도였다. 서로 적대적인 노론 인사와 남인 인사가 천주교를 통해 만났다는 혐의까지 씌웠던 것이다. 이에 대해서는 정약용은 물론 혜경궁까지 말도 안 되는 소리라고 부정했다. 오석충은 일찍이 증조부 오시수의 신원 운동을 펴면서 반대파인 노론의 미움을 샀다. 증조부를 신원시킴으로써 증조부에게 죄를 주었던 자들의 후손, 곧 서인, 노론 후예의 원한을 산 것이다. 오석충이 천주교와 얼마나 관련되었는지 알 수는 없지만 노론에 적이 많았던 것은 분명하다. 신유박해를 주도한 노론 벽파는 시파인 홍낙임이 오석충을 만났다고 하면서 양쪽의 적을 동시에 공격했다. 오석충은 이로 인해 가중 처벌을 받았을 가능성이 크다.

이순이는 올케에게 보낸 편지에서 안어르신의 숙환이 어떤지도 물었다. 족보를 보면 오석충의 부인은 청주 한씨 한덕부(韓德孚)의 딸이다. 오석충보다 사 년 연상으로 1739년에 태어나 오석충이 죽은 해인 1806년 따라서 죽은 것으로 되어 있다.

작은올케, 이기연의 딸

이윤하가 인척을 맺었다는 이기연(李箕延)은 이만채의 『벽위편』에 이름이 보인다. "충주에 살며, 북백(北伯)을 지낸 이광정(李光庭)의 후손"이라고 했다. 1801년 12월 본인은 참수되었고, 아들 이중덕과 사위 권상익은 유배형을 받았다.(『사학징의』) 권상익은 이순이의 넷째 외삼촌 권득신의 아들이다. 이기연은 연안이씨 첨사공파(詹事公派)로 첨사공파 중에서도 삼척공파(三陟公派)이다. 이광정 형제를 중시조로 하여 이광정의 후손은 연원공파(延原公派)가 되고 이창정의 후예는 북백공파가 되었다. 이광정은 북백 즉 함경도 관찰사를 지낸 적이 없고, 동생 이창정은 북백을 지내 북백공파의 중시조가 되었다. 따라서 『벽위편』의 기록은 직위든 이름이든 둘 중 하나는 착오라고 할 수 있다. 그런데 문제는 이기연이 어떤 파라고 해도 1813년 간행된 『연안이씨세보(延安李氏世譜)』나 1985년에 간행된 『연안이씨첨사공파대보(延安李氏詹事公派大譜)』에서 이름을 찾을 수 없다는 것이다. 족보에 '基延'이라는 이름은 있지만 아들이 '敏儒'로 나와서 이윤하의 사돈 이기연으로 단정하기는 어렵다.

어느 집 후손이든 이기연의 집이 충주라는 사실은 분명한데, 이순이의 옥중편지에서도 '충주댁'이 나온다. 이순이는 충주댁을 '충주 아우님'으로도 부르고 있는데 문맥상 작은올케로 보인다. 즉 이경중의 부인인 것이다. 이경중이 이기연의 딸을 아내로 맞아들인 것이다. 이순이는 편지에서 어머니께 얼른 충주댁을 데려다 함께 지내라고 했다. 이기연의 딸은 결혼식은 올렸지만 아직 신행은 하지 않았던 모양이다. 옛날 결혼을 보면 식을 올리고도 한참을 따로 사는 경우가 많았다. 그러다 때가 되면 비로소 신부가 신랑 집으로 들어가니 그것을 신행이라고 했다. 이경중의 나이가 십 대 중후반이었다면 충분히 그럴 수 있다.

달레의 『한국천주교회사』에서는 이경언의 순교를 설명하면서,

신유박해 후 1815년 이경언 집안은 어머니와 형수는 연풍(延豐)으로 내려가고 이경언 부부만 서울에 남았다고 했다. 이경언은 순교 직전 어머니에게 보낸 편지에서 계속 연풍 걱정을 했다. 연풍은 곧 충주다. 1914년 행정 지역 개편 때 연풍의 일부가 충주가 되었다. 신유박해 때 연풍에서 처벌받은 한 사람 역시 이기연의 조카 이항덕이다.(『사학징의』) 이기연과 그 친척들이 충주 연풍 일대에 살았는데, 박해 이후 서울에서 살기 어렵게 된 이순이 친정 식구들이 사돈이 사는 연풍으로 낙향한 모양이다. 이기연 집안 역시 폐족이 된 상황이지만, 서울보다는 시골이 살기가 나았던 듯하다.

한 논문에서는 『만성대동보』를 참조했다고 하면서 이경도가 '이기연(李基延)'의 딸과 결혼했다고 했다.[20] 어떤 『만성대동보』를 본 것인지는 알 수 없으나 필자가 살핀 『만성대동보』에서는 이 정보를 찾지 못했다. 설령 어떤 통합 족보에 그렇게 나와 있다고 해도 여러 가지 근거를 통해 볼 때 이경도의 부인이 오씨가 아니라 이씨일 가능성은 생각하기 어렵다.

위의 여러 근거들로 볼 때 이순이의 형제들은 각각 풍산홍씨 홍낙교의 아들, 동복오씨 오석충의 딸, 진주유씨 유항검의 아들, 연안이씨 이기연의 딸과 결혼했다고 볼 수 있다. 모두 정치적으로 남인이며 신앙으로는 독실한 천주교 집안이거나 아니면 적어도 천주교에 가까운 집이다. 이들 집안은 모두 1801년의 박해 때 풍비박산이 났다. 직계 후손이 거의 남지 않았고, 족보 기록은 소멸되었다. 이순이 친정집은 물론이고, 이순이의 시집인 유항검 집안은 대역죄로 일가가 몰살되

다시피 했으며, 이경중의 처가인 충주의 이기연 집안은 멸문 상태에 이르렀고, 홍낙교 역시 동생 홍낙민의 죄에 연좌되어 몰락했다. 자식, 손자 대까지 순교를 한 집안이 되었다. 후일의 일이지만 이순이의 막내 동생은 박해 후 중인집 딸과 결혼했다고 한다.(달레, 2-140) 신분 사회에서 아래 신분과의 결혼은 집안의 몰락을 단적으로 보여 주는 것이다.

이순이의 시집, 조선 천주교회의 후원자

이순이는 1797년 열아홉 살에 결혼을 했다. 이순이의 결혼이 늦었던 것은 아버지의 죽음 때문인 듯하다. 아버지가 1793년에 죽었으니 삼년상은 끝나야 결혼할 수 있기 때문이다. 어차피 이순이는 결혼을 원치 않았으니 그 기간 동안은 오히려 편하게 동정을 지킬 수 있었을 것이다. 그러다가 삼년상이 끝난 1795년 또는 1796년의 어느 때부터 결혼 문제에 본격적으로 맞닥뜨리게 되었을 것이다.

이순이의 결혼 상대는 전주의 거부 유항검의 아들 유중철이다. 이순이의 남편 유중철은 『사학징의』에 따르면 1779년생이다. 이순이와 동갑이다. 서울 명문가의 여식이 어떻게 시골 부자와 결혼하게 되었을까. 이들의 결혼과 관련해서 이순이 집안에서 유중철과의 결혼을 결사적으로 반대했다는 말이 전한다. 문중에서 욕을 하고 통문을 돌리기까지 했다고 한다. 그 이유를 다블뤼는 "조선에서 가장 유명한 집안들 중 한 집안이며 수도 서울에 살고 있던 사람"이 "아주 부유한 양반 집안이긴 하지만 이씨 집안보다 훨씬 열등한 집안이고 서울에서 오백 리나 떨어진 지방에 살고 있는 사람"과 결혼시킬 수 없다는 이유 때문이라고 했다.(다블뤼, 295, 303쪽) 그러나 박사 논문에서 유항검 집안을 집중적으로 다룬 주명준 교수는 유항검 집안의 지체가 그리 낮지 않다고 했다. 유항검 집안의 혼인 관계를 보면 시골 양반이지만 서울 또는 그 부근의 남인들과 단단한 혼반을 형성하고 있다. 예컨대 정약용의 어머니 윤씨는 윤지충의 고모인데, 윤지충은 유항검과 이종사촌이다. 또 혼맥을 보면 이윤하 집안은 이미 윗대부터 유항검 집안과 혼인 관계를 맺고 있었다. 이런 사실을 보면 다블뤼의 설명은 맞지 않다.

이순이와 유중철의 결혼 반대 사건에 대해 어떤 책은 이순이가 태종 서자 경녕군과 후손임을 들어 '왕족'의 높은 지체에서 시골 양반과 혼인할 수 없었을 것이라고 말하기도 했다. 그러나 주명준 교수는 이를 터무니없는 설명으로 보았다. 이순이의 친정이 왕족인 것은 분명하지만 왕족 대접을 받는 그런 왕족은 아니라는 것이다. 이미 왕실의 계보에서 너무 멀어져 있어서 왕족이라는 것은 그저 스스로 자부하는 허울뿐이라고 보아도 좋을 수준이었다.

그렇다면 문중은 왜 그리 강하게 결혼을 반대했을까? 주명준 교수는 설령 반대가 있었다 하더라도 가격(家格) 때문은 아닐 것이고 시집이 너무 멀다는 이유 정도가 아닐까 했다.(70, 75쪽) 그러나 시집이 멀리 떨어져 있다고 해서 문중까지 나서서 집안의 종손도 아닌 딸의 결혼을 막지는 않았을 듯하다. 그렇다면 이순이 집안의 결혼 반대 이유는 어디에서 찾아야 할까? 필자는 천주교 때문이라고 본다.

그러지 않아도 이수광의 종손인 이윤하는 천주교 신앙으로 인해 집안에 물의를 빚었다. 종손이 제사를 반대하는 천주교를 믿는 상황을 문중이 받아들일 수 없었을 것이다. 이미 이윤하는 윤지충과 권상연의 이른바 진산사건 때 성균관 유생의 척사 상소에 천주교의 핵심 인물로 이름이 올랐다. 이순이가 결혼할 때는 이미 이윤하는 죽고 없었지만, 그의 아들 이경도가 아버지의 대를 이어 천주교도들을 만나고 있었다. 이런 판국에 이경도가 천주교 핵심 지도자인 유항검 집으로 여동생을 보내겠다고 나선 것이다. 유항검도 1791년에 이미 천주교도로 붙잡혀 배교하고 풀려난 전력이 있었다.(『벽위편』, 182쪽) 사정이 이러니 문중에서 나서지 않을 수 없었을 것이다. 자칫하면 이수광의 후손이라는 명망이 빛을 잃음은 물론, 대역부도의 역적이 될 판이니, 결혼을 결사반대하지 않을 수 없었던 것이다. 실제로 몇 년 후인 1801년 이윤하의 문중에서 그런 이유를 들어 예조에 파양을 신청했음은 이미 앞에서 살폈다. 그렇다면 이순이의 시집인 유항검 집안은 어떤 집인가?

1784년 북경에서 정식 세례를 받고 돌아온 이승훈은 조선의 천주교 신앙공동체를 정착시켜 나갔다. 1786년 무렵부터는 홍낙민, 권일신 등 열 명의 교회 지도자들과 함께 스스로를 신부라고 칭하면서 종교 의식을 집전했다. 유항검은 이 열 명에 포함될 정도로 비중 높은 교회 지도자였다. 그러나 교회의 자생적 성장은 곧바로 중대한 문제에

봉착했다. 교회 조직에서 정식의 신부 자격을 얻지 못한 사람이 신부가 수행하는 각종의 예식을 대행할 수 있는가 하는 의문이 생긴 것이다. 이는 교회 조직과 신앙 질서를 흔들 뿐만 아니라, 교회를 모독하는 죄가 될 수도 있다. 이들 지도자 중 한 사람이 교리서를 꼼꼼히 읽다가 이런 문제가 있음을 발견하고 이승훈에게 질문했고, 이 문제를 가지고 토론하다가 결국 북경의 천주교회에 문의하기로 했다. 당시 조선 교회에서 보낸 편지의 프랑스어 번역본이 남아 있는데, 문제를 제기한 사람이 누구인지 분명하지 않지만, 이가환, 정약전 외에 유항검도 문제 제기자로 거론되고 있다. 유항검은 조선 천주교회의 핵심 인물이었다.

조선 교회가 제기한 문제에 대한 북경 주교의 대답은 단호했다. 조선 교회의 지도자들이 신부로서 드리는 모든 예식을 중지하라는 것이다. 이제 가능한 일은 자기들끼리 신앙을 유지하면서 얼른 신부를 영입하든지 아니면 똑똑하고 신앙심이 깊은 젊은이를 중국으로 보내 신부를 만드는 것뿐이었다. 신자 수가 급격히 늘어나고 이에 따라 종교 의식의 요구가 많아지자 그냥 앉아서 신부가 오기를 기다릴 수 없었다. 조선 교회가 신부 영입에 나섰는데, 비밀리에 중국까지 왕래해야 하는 품과 돈이 많이 드는 일에 유항검은 중심적 후원자였다. 이 일에 거금을 쾌척했다.

의식 집전 대행의 문제와 더불어 조선 교회는 또 다른 중요한 문제를 북경에 문의했다. 글로 써서 정식으로 문의한 것은 아니지만 앞의 물음 못지않게 중요한 질문이었다. 신주를 모셔 놓고 조상에게 제사를 드려도 되는가 하는 것이다. 하느님 외에 다른 신을 숭배하지 못하게 한 천주교의 계율을 생각할 때 응당 나올 수 있는 물음이다. 북경 교회는 이 문제에 대해서도 단호했다. 조상 숭배를 비롯한 일체의 미신 행위를 금지한 것이다. 일찍이 중국의 천주교회 역시 제공제조(祭孔祭祖) 곧 공자와 조상에게 제사 지내는 일을 반대하여 청나라 옹정제의 박해를 불러온 바 있는데, 같은 답변으로 이번에는 조선 교회를 위기로 몰았다. 달레는 이 명령을 "조선 국민 모든 계급의 눈동자를 찌른" 일이라고 했다. 조선의 천주교회는 일대 혼란에 휩싸였다.

효를 최우선의 가치와 덕목으로 치는 유교 국가 조선에서 조상에 드리는 제사는 가장 핵심적인 의례이다. 초기의 천주교 신자들은 당연히 유교적 관념 위에서 천주교를 이해했고 어버이를 공경하라는 계율은 유교나 천주교가 다르지 않기에 천주교 교리가 유교와 양립할 수 있다고 보았다. 그런데 이 명령으로 그 판단이 잘못임을 깨달았다. 이제 조선 신자들의 판단은 교회를 떠나느냐 계율을 지켜 죽음으로 향하느냐 두 길밖에 없었다. 최초의 세례 신자로 교회를 이끌던 이승훈조차 이때 신앙을 버렸다. 제사 문제는 그만큼 중대한 것이었다.

이때 교회의 명령과 천주교 신앙을 온전히 지킨 사람이 조선 최초의 순교자인 윤지충과 권상연이다. 윤지충과 권상연은 부모의 신주를 불태우고 땅에 묻었다. 그 소문이 퍼져 나가면서 둘은 강상을 문란케 한 패륜의 죄인이 되었다. 그들은 자신의 행위를 시인했고 극형에 해당하는 효수경중(梟首警衆) 곧 목을 베어 높은 곳에 매달아 사람들에게 보이는 벌을 받았다. 이들이 이런 일을 벌일 때 뜻을 같이한 사람이 유항검이다. 윤지충은 유항검의 이종사촌이고, 권상연은 유항검의 고종사촌이다. 사는 동네도 유항검은 전주요, 윤지충, 권상연은 전주와 인접한 진산(현재의 충남 금산)이다. 유항검은 1786년 형 유익검(柳益儉)이 죽자 어린 조카를 대신하여 제사를 받았고 1791년 제사 금지령을 듣게 되자 집안의 사당에 둔 선조의 신주를 모두 선조들 무덤가에 묻어 버렸다. 그러다 윤지충의 사건이 발생하자 신주를 파내어 집안의 농 안에 옮겨 두었다. 유항검은 철저한 신앙인이었다. 이순이는 이런 신앙의 집으로 시집을 갔다.

당시의 혼인 관행으로 보면 이순이는 1797년 서울에서 결혼식을 올렸을 것이다. 이후 신랑 유중철은 고향으로 돌아가고 일 년 후 9월 이순이가 시집으로 신행을 갔다. 시집에는 신앙심 깊은 사람들이 가득했다. 시아버지의 형제로는 장남으로 익검이 있었지만 이미 죽었고 시아버지가 집안의 맏이 노릇을 하고 있었다. 시아버지의 다른 형제로는 진검(震儉), 관검과 홍득연(洪得淵)에게 시집간 누이가 있었다. 진검과 홍득연 처에 대해서는 족보 외에는 다른 기록이 보이지 않지만, 관검은 그림자처럼 붙어 다닌 형제였다. 신문 기록을 보면 이들 형제는 비록 이복(異腹)이긴 하지만 둘이면서 하나고 하나면서 둘이라고 말했다.

이순이의 시집은 워낙 대부호라 늘 손님이 북적였다. 그냥 부잣집이라도 문턱이 닳을 터인데, 이들은 천주교 전교를 위해서건 이웃을 사랑하라는 신앙 때문이건 약하고 가난한 이웃에 베푸는 집이었다. 『사학징의』를 보면, 신유박해 때 처벌된 사람 중에 유항검 집안의 마름만도 네 명이다. 집안의 전답을 관리하다 처벌받은 마름만 이 정도라면, 실제로는 얼마나 많은 마름이 집안의 전답을 관리했는지 짐작조차

하기 어렵다. 유항검의 동네에는 "쉰여섯 마지기의 찹쌀배미"라는 말이 전한다.(주명준, 89쪽) 유항검 집 근처에 있는 논에서 지은 찹쌀 농사의 규모를 가리킨 말이다. 찹쌀 농사만도 이 정도는 지어야 손님을 접대할 수 있을 정도로 부자였고, 그만큼 손님들에게 많이 베풀었다.

이순이는 옥중편지에서 생전에 남편과 이런 약속을 했다고 한다. 아버지가 가산을 물려주는 날이 오면 재산을 서너 등분하여, 한 몫은 가난한 사람을 도와주고, 다른 몫은 막내 동생에게 후히 주어 부모님을 부탁하자는 것이다. 그리고 자기 둘은 새 세상이 오면 헤어져 살자고 했다고 한다. 막대한 부를 가진 사람이 그 재산의 삼분의 일 또는 사분의 일을 가난한 사람에게 주자는 계획을 세울 정도였으니, 비록 실제 나눔의 증거가 없다 해도 상당한 자선을 베풀었을 것으로 짐작할 수 있다.

자기의 막대한 재산 가운데 상당 부분을 이웃을 위해 쓰겠다는 생각은 일찍이 조선 역사에서 찾아볼 수가 없다. 물론 조선 사람들은 일상적으로 베풂을 실천했다. 집을 찾아온 길손은 먹여 주고 재워 주었으며, 지나가는 길손에게 자기 밥을 나누어 주었고, 이웃과 농기구나 농우(農牛)를 함께 쓰는 사람들이 조선 사람이었다. 좋은 일, 궂은 일에 함께 물력과 힘을 보태는 부조와 자선이 널리 퍼져 있는 아름다운 관행이 있는 사회가 조선이었다. 그러나 이순이 유중철 부부처럼 대부호가 일찍이 계획을 세워 자기 재산의 상당 부분을 세상에 환원하고자 한 일은 없었다. 어떤 면에서는 새로운 조선인이 출현한 것이다.

이순이는 이런 사랑이 넘치는 집안에서 사 년을 보냈다. 이순

이순이의 시집터에서 바라본 만경평야
이순이의 시아버지 유항검은 한국 최대의 곡창 지대인
이 너른 들의 주인이었다.

이는 집안의 맏며느리였다. 시동생으로 열여덟 살의 문석과 결혼식까지 올렸지만 아직 시집에는 들어가지 못한 나이를 알 수 없는 맏시누이, 그리고 아홉 살의 둘째 시누이, 그리고 여섯 살과 세 살의 어린 시동생이 있었다. 스물셋 동갑의 남편과 맏시동생은 아버지의 죄에 연좌되어 법에 따라 교수형을 받았다. 맏시누이는 이미 결혼을 한 출가외인이기에 연좌에 해당되지 않아 죄를 면했지만, 시집에서 역적의 딸이라고 해서 신행을 오지 못하게 한 모양이다. 이순이는 편지에 맏시누이에 대해서도 걱정을 하고 있다. 열 살도 못 된 어린 시동생들조차 화망을 피하지 못했는데, 각각 거제도, 흑산도, 신지도로 유배를 갔다. 조선 정부는 천주교 대역죄인의 어린 자식들을 남해 바다의 동쪽, 서쪽 그리고 가운데에다 뿌려 놓았다.

　　이순이의 시어머니는 칼을 받는 순간까지 유배를 간 어린 자식들을 염려했다. 그들 앞에 펼쳐진 운명이 너무 가혹하기 때문이다. 부잣집에서 호화롭게 자란 어린아이들이 길거리에 버려진 것과 같은 신세가 된 것이다. 아무도 거두어 주지 않고 보호해 주지 않을 것이다. 천운이 따르지 않으면 세상에 짓밟힐 수밖에 없는 운명이다. 다블뤼는 이로부터 근 육십 년이 다 되어 이들의 순교사를 정리하면서, 유배 간 딸은 아직도 살아 있다고 들었다고 썼다.(393쪽) 그는 전주 최고의 갑부집에 태어나 온갖 맛난 것을 다 먹고 좋은 옷만 입다가, 아홉 살에 거친 바다 한가운데 있는 섬 거제도로 유배를 갔고, 마을에서 관청의 노비로 천덕꾸러기가 되어 이놈저놈에게 시달리며 근 육십 년을 살았을 것이다. 그것이 '천주학쟁이'의 운명이었다.

'박해자는 개자식'

19세기 말 프랑스 신부 리델이 편집한 것으로 알려진 『한국 어문법(Grammaire Coréenne)』(1881)에는 신부들의 한국어 공부에 사용된 조선 이야기가 여러 편 실려 있다. 그 가운데에는 다른 이야기책에서는 쉽게 찾아볼 수 없는 것도 있는데, 아래에 소개할 이면승(李勉昇, 1766~1835)과 김계락(金啓洛, 1753~1815)의 이야기도 그중 하나이다. 최초의 천주교 박해자인 김화진의 아들 김계락을 조롱하는 이야기다. 김화진의 아들이 스스로를 '개새끼'라고 했다고 하니, 그의 아버지 김화진은 졸지에 개가 되고 말았다. 천주교도들의 박해자에 대한 적개심을 엿볼 수 있는 부분이다. 이야기는 이렇다.

하루는 이면승이 조정에 있었는데 김계락이 겨울 보온 모자인 돼지가죽으로 만든 이엄을 쓰고 들어왔다. 이면승은 초면의 김계락을 보고는 대뜸 북백(北伯, 함경도 관찰사)의 아들이 아니냐고 했다. 김계락은 자기가 쓴 이엄을 보고 이면승이 놀리려고 말한 것으로 알고 그냥 "아닐세."라고 가볍게 대답했다. 이에 이면승은 그러면 누구의 아들이냐고 했고, 김계락은 "그놈 개자식일세."라고 이면승에게 욕을 했다. 십수 년 연장에다 조정의 고참인 김계락에게 건방진 질문을 하는 신참 이면승을 보고, 김계락은 질책의 뜻에서 그렇게 대꾸했는데, 주위 사람들에게는 김계락이 스스로를 '북백의 개자식'이라고 말한 것처럼 들렸다. 김계락이 아버지를 개로 욕한 셈이 된 것이다. 곁에 있던 여러 신하들이 김계락에게 망발을 했으니 '망발풀이'를 하라고 했고 그러지 않으면 임금께 아뢰겠다고 했다. 그런데도 김계락은 계속 화만 냈다. 그래서 신하들은 이 사실을 정조에게 아뢰었고 정조는 이면승과 김계락을 불러 했던 말을 그대로 하게 했다. 그러면서 김계락에게 개자식에서 속량(贖良. 몸값을 받고 종의 신분에서 풀어주는 일)하는 뜻에서 돈 오백 냥을 내라고 했고, 그 돈으로 음식을 장만해 신하들을 먹였다. 그런 다음 정조는 이후에는 "김계락을 개자식이라고 하지 마라. 만일 이후에도 그렇게 하면 그렇게 하는 사람들을 개자식이라고 하겠노라."고 했다. 정조의 명령에도 불구하고 신하들은 모두 자신이 '개자식'이 되는 것을 개의치 않고 김계락을 "개자식"이라고 부르며 놀았다.

이엄은 당시 예법에서는 추위를 많이 타는 노대신들이나 쓰는 것이다.(『일득록』) 그런 것을 김계락은 잔뜩 위세를 드러내느라고 조정에까지 쓰고 들어왔다. 겨울 보온 모자로는 멋쟁이들이 쓰는 세련된 휘항도 있고, 이엄 중에도 여우나 족제비 가죽으로 만든 고급품도 있다. 김계락은 함경도 관찰사의 아들이니 고급 이엄을 쓰지 않았나 싶다. 이면승은 조정의 관례도 무시하고 감히 이엄을 쓰고 들어온 김계락 때문에 마음이 상했던 모양이다. 그래서 김계락을 놀렸고 김계락은 거들먹거리며 대답하다가 오히려 망신을 당했다.

김계락의 아버지 김화진은 형조 판서로 '을사 추조 적발 사건'을 일으켜 천주교 박해의 길을 연 사람이고, 그의 아들 김계락은 신유박해 때 형조 참판으로 유항검 집안 등을 공격했다.(『벽위편』, 239쪽) 당색으로 볼 때 김계락은 노론이고 이면승은 소론이며, 위의 일이 벌어진 것으로 추정되는 1794년 겨울은 이면승이 조정에 들어온 지 일 년도 안 되는 때였다. 스물아홉 살의 신참이 마흔두 살의 중견을 조롱한 이 이야기는 당색을 넘어서서 천주교도들을 통쾌하게 만든 듯하다.

3장

옥중편지
읽기

어머니에게
보낸 편지

　　창황한 시절을 당하니, 지난 일들을 아뢰고자 해도 다 못하겠네요. 다만 친필로 몇 줄 글을 써, 사 년 이별한 심정을 올릴 뿐이에요. 제 비록 죽는 지경에 이르렀지만 과도히 상심하지 마시고 천주님의 특별한 은혜를 배반하지 마시고 편히 명을 따르세요. 요행히 천주께서 절 버리지 않으시면 은혜에 감사하세요.

　　저는 세상에 살아서는 진실로 떳떳지 않은 자식이고 쓸데없는 자식입니다만, 특별한 은총을 입어 열매 맺는 날이 오면 어머님도 가히 좋은 자식을 두었다 할 것이고, 저도 떳떳한 자식이 되겠지요. 이것은 작고 쓸데없는 자식을 진실되고 보배로운 자식으로 만드심이니, 천만번 바라나니 근심으로 과히 상처받지 마시고 넓게 마음을 먹고 참으세요.

　　이 세상을 꿈같이 여기시고 영원한 천국을 본향으로 알아서 조심조심 명을 따르세요. 어머님께서 세상을 버리시면 이 못난 자식이 영원한 복록의 면류관을 준비하고 즐거운 마음으로 손을 붙들어

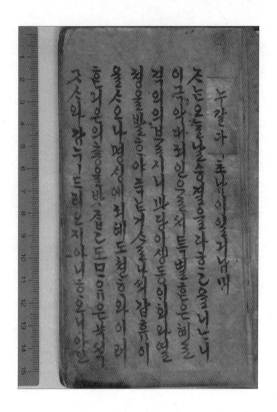

이순이의 옥중편지가 실린 책의 첫 면

호남교회사연구소 소장.

이순이 삼남매의 옥중편지를 모은 책이다. 이들 삼남매는 모두 순교자이니
이 책은 순교자의 옥중편지집이다. 첫 면은 이순이의 오빠 이경도가
본가에 보낸 편지다. 책 제목을 "누갈다 초남이 일긔 남ᄆᆡ"라고 적고 있는데,
원래는 "발바라 초남이 일긔 남ᄆᆡ"라고 되어 있던 것을 누군가가 종이를
덧대어 '누갈다'로 고쳤다. 김옥희 소장본에도 '발바라'로 적혀 있다.

보통의 경우라면 책 제목을 '초남이 누갈다 남매 일기' 즉 '초남리에 사는
누갈다 남매의 일기'라고 적을 텐데, 무슨 이유로 어순을 바꾸었다.

이 책의 필사자는 1868년 울산에서 순교한 김종륜으로 알려져 있다.
후손이 소장하다가 천주교회 관계자에게 넘겼다. 책 크기가 세로 16cm에
불과하여 손바닥에 쏙 들어가는데, 진한 먹으로 단정하게 필사했다.
정성스럽게 베껴서 고이 숨겨 두고 두고두고 보고자 했다는 느낌이 든다.

영접하여 복록을 함께할 거예요.

들으니 오라버니가 최종 심리까지 마치셨다 하더군요. 이 진실로 어떤 은총인지 우러러 감사함이 한이 없으며, 어머님의 복을 찬송드려요. 경이 형제(이순이의 두 동생)와 형님 형제(이순이의 두 올케)에게 의지하여 우리 남매(이순이와 오빠)를 생각하지 마세요. 충주댁(동생의 아내)을 아무쪼록 얼른 데려다가 함께 지내세요. 우리 모녀가 헤어진 지 사 년에 이 지경이 되어 사 년 동안의 회포를 펴지 못하니 망극함이야 오죽하리요마는 이 모두가 천명이에요. 우리에게 생명을 주심도 천명이요, 우리의 생명을 앗으심도 천명이니, 과히 염려하는 것이 도리어 우스운 일이에요. 만 번 엎드려 비오니 넓은 마음으로 참으세요. 영원한 세상에서 우리 모녀 지극한 정을 다시 이어 온전케 해요.

형님, 너무 슬퍼 마세요. 비록 오라버니가 죽었다 해도 진실로 좋은 아내를 두었다 하리니, 형님이 순교자의 아내 되심을 만만 축하하오니, 이 세상에서는 부부가 되고 영원한 세상에서는 동반자가 되어, 모자 형제 남매 부부가 영원한 세상에서 함께 즐기면 얼마나 기쁠까요.

제가 죽은 다음에라도 저희 전주 시집과 관계를 끊지 마시고 제가 살아 있을 때와 같이 하세요. 제가 여기 전주로 온 후 평소 근심하던 일(부부 관계)을 얻었어요. 9월에 시집에 와서 10월에 우리 부부 두 사람이 발원하여 맹세했지요. 그렇게 하여 사 년을 동정으로 지냈으니 이름은 부부지만 실상은 남매와 같았어요. 중간에 유혹을 받아, 그것도 근 십여 차나 받아, 거의 어쩔 수 없게도 되었지만, 성혈의 공로

를 일컬으면서 유혹을 면했어요. 내 일이 어찌 되었나 답답히 여기실
까 이리 아뢰니, 이 편지를 제 생명처럼 여기시어 반기세요.

순교의 결실을 맺기 전에 이 같은 편지를 쓸 수 있음이 진실로
놀라워요. 이로써 어머니의 근심을 풀고 반기게 하니 그것으로 위로
를 삼을 따름이에요. 야고보(주문모 신부) 계실 때에 우리 풍파를 자세
히 기록해 두라 하시기에, 이리 온 후 요한(이순이 시집에서 일을 봐주는
사람의 세례명인 듯) 편에 신문 기록을 보냈는데 어찌 하셨는지요? 만 번
만 번 바라나니 넓은 마음으로 참으세요. 이 세상을 헛되고 거짓된 것
으로 생각하세요. 할 말이 첩첩 무궁하나 편지로 다 아뢰지 못하니 대
강만 아룁니다.

1801년 음력 9월 27일 딸이 두 번 절하고 올립니다.

두 언니에게
보낸 편지

① 종이와 붓을 받아 드니 아뢸 말이 전혀 없네요. 불쌍한 오
라버님(이경도)은 죽었는지 살았는지? 구월 보름에 풍편으로 소문을
들은 후, 내 몸이 감옥에 잡혀 들어와 감감히 들어앉아 있으니, 소식
들을 길이 전혀 없어 매양 답답한 마음뿐이에요. 오라버니가 최종 심
리를 끝냈다면 그사이 결단이 났겠지요. 돌아가신 이야 복을 받았을

것이니, 그 일이야 어찌할 것이 아니로되, 집안 경상은 어떠하며, 어머님과 형님(올케언니)은 어찌 견디시는지요? 지금은 맥박조차 제대로 뛰지 못할 듯하니, 내 그사이 한 염려야 어찌 말로 다하겠어요. 초상을 치르는 여러 절차는 어찌 하셨는지? 오히려 이제까지도 결단이 나지 않았으면 차가운 감옥에서 어찌 견디실지? 오라버님이 죽으나 사나 어머님 간장은 한량없이 녹았겠지요.

희아 형제(이순이의 두 남동생인)와 동아(오빠 이경도의 외동딸)는 병이나 없이 자랐으며, 매동(친올케언니의 친정)에서 언제 유배지 안부나 들으셨는지요? 그리고 안어르신네 숙환은 어떠신지요? 니동(다른 올케언니의 친정)에서는 형님 시어르신네의 참경을 보시고 슬퍼하시는 중에 병이나 나지 않으셨는지요? 아주버님께서도 신상이 평안하시며 출아(친척 올케의 자식인 듯)도 튼튼한지요? 두루두루 그리는 마음이 종종 간절하옵니다.

저는 죄악이 너무도 무거워, 세상의 온갖 어지러운 일을 다 당하니, 지필로 말을 만들어 아뢸 수가 없을 정도예요. 아뢸 말은 없지만 사 년 헤어진 감회와 쌓인 이야기를 잠깐 기록하여 작별을 고하고자 해요. 이로써 이 세상과도 영결하고자 하고요.

금년이 되어 계속 간장을 녹이다가 마침내 사세 어쩔 수 없이 기울어져 시아버님을 여의게 되니 살고 싶은 마음이 없었어요. 기회가 오면 주님을 위해 목숨을 바치리라 마음먹었지요. 여러 가지 큰일을 처리하면서 세상 정리에 힘을 쏟고 있는데, 갑자기 수많은 포졸들이 들이닥쳐 내 몸이 잡혔어요. 제 뜻한 바 기회였지요. 주님께 감사했으며 마음은 기뻤어요.

정신을 잃고 황망한 중에 포졸들이 빨리 가자고 재촉했어요. 곡소리가 천지에 진동하니, 시어머니 형제 친구 이웃 고향과 마지막 작별인 듯했어요. 육정(肉情)을 다 펴지 못하여 한 줄 눈물로 창황히 영결하고 막막한 심정으로 돌아서니, 오직 원하는 바 선종(善終, 착하게 살다 죽음)뿐이었어요.

잡혀 와서 처음에는 수금청(囚禁廳, 죄인을 가두어 두는 곳)에 갇혔는데, 반나절쯤 지난 후 장관청(將官廳, 군관들이 있는 곳)이란 데로 옮기니, 시어머니 동서 형제분과 시아주버니 형제(사촌 시숙 유중성과 시동생 유문석)가 계시더군요. 피차 바라보고 말없이 눈물만 흘렸지요. 이러구러 밤이 되었는데 구월 보름쯤이라 가을 하늘이 맑고 환하여 창문 위로 뜬 보름달이 밝은 빛을 비추었지요. 감옥 속 사람들의 마음이 어땠겠어요.

누우나 앉으나 구하고 원하는바 순교하는 은혜라, 이런 소망이 가득하여 각각 말을 하되 마치 한입에서 나온 듯했어요. 시어머니 동서 형제 두 분과 시아주버니 형제와 모두 다섯 명이 약속하기를, "주님을 위해 죽자." 했지요. 각자 뜻을 정하니 쇠처럼 돌처럼 굳었어요. 마음이 통하고 뜻이 같으니 가득한 사랑과 믿음이 피차 틈이 없을 정도로 같았어요. 그러면서 첩첩한 설움도 자연 잊을 수 있었으니, 이 모두가 은총이지요. 신락(神樂, 정신의 즐거움)이 도도하니 만사 근심이 없고 거리낄 것이 없었어요. 다만 옥에 갇힌 다른 한 사람을 안타까이 그리워할 뿐이었지요.

잊지 못하는 사람은 다른 사람이 아니라 바로 그이였어요. 집에 있을 때 이미 '함께 주님을 위해 죽자'는 소회를 비추었기에, 따로 사람을 보내 한날 함께 죽자는 뜻을 감옥에다 전하고자 했지요. 그런데 인편이 마땅찮아 주저하다가 미처 그 뜻을 전하지 못하고 말았어요. 이후 감옥에서 연락을 하지 못하게 통신을 아예 막아 버리니 길이 없었어요. 다만 그윽이 구하고 원하고 바라는바 한날 함께 주님을 위해 죽는 것이었어요.

주님의 은총이 저럴 줄 어찌 알았겠어요. 시아주버니는 세례명이 요한이에요. 10월 9일에 요한을 감옥 밖으로 내어가기에 그 뜻을 몰라 '어디로 보내느냐.' 물었더니 "관가의 명령이라. 큰옥으로 데려다가 형제 한데 두라신다." 했어요. 목을 벨 듯이 무섭게 데려가니 '오냐.' 했지요. 하지만 이를 어이하리요 싶었어요. 그러면서 "형제 한데 가서 계시소서. 피차 잊지 맙시다." 하고, 신신당부하되 "한날 함께 죽자더라고 형님에게 전하소서." 재삼 부탁하고 손을 나누어 돌아서니, 남은 사람들은 자리에 남아 주님의 도우심만 바라고 기도할 뿐이었지요. 그런데 일각(一刻, 약 15분 정도)이 겨우 되어 부음이 들렸어요. 그러나 슬픔은 오히려 둘째고 형제가 복을 받아 순교한 것이 기뻤어요.

오호통재(嗚呼痛哉)라! '요한은 어찌 되었을까.' 하는 생각이 미치니 억만 칼이 가슴을 써는 듯 마음이 어지러웠어요. 그런데 반나절이 지난 다음 이도 또한 은총인지 마음이 평안해졌어요. 전공(前功)이 없지 않으니 '설마 주님이 요한을 아주 버리기야 하랴.' 하며 마음이 풀어졌지만, 계속 걱정이 사라지지 않아 그것이 걱정이었어요. 시숙모

이순이와 유중철
전주 전동성당에 있는 스테인드글라스.

께 마음이 어떠신지 여쭈니 먼저 뜻을 굳히고 계시더라고요.

그런데 집에서 기별이 왔어요. 요한의 몸을 밖으로 내어가서 입었던 옷을 보니 그의 누이에게 보낸 편지가 있었어요. 누이를 권면하고 위로한 다음 '천국에 가서 다시 보자' 하고 마음을 정한 내용이었어요. 요한의 마음이 이런데도 저는 공연히 걱정을 했지요. 그러나 그가 평생 한 일을 살펴보면 굳이 가엾게 여길 일이 없어요. 요한은 속태를 벗은 사람이었고 노성하다고 할 만한 사람이었지요. 주님 일에 늘 기쁨이 넘쳤고 뜨겁게 사랑하면서도 성실한 사람으로 본이 되는 사람이었어요.

내 이제 적년(積年) 원하던 바를 이루었어요. 사실 이는 요한 또한 어릴 때부터 원하던 것이에요. 우리의 만남은 두 사람의 소원을 천주께서 윤허하심이니 특별한 은총이지요. 피차 언약하기를 아버지가 가산과 사업을 물려주시는 날이 오면, 서너 등분을 하여 가난한 사람을 도와주고, 또 막내 동생에게 후히 주어 부모님을 부탁하고, 새 세상이 오면 각각 헤어져 살자고 했어요.

피차 약속을 어기지 말자고 했는데 작년 12월에는 유혹이 더욱 깊어져 마음이 두려웠어요. 얇은 얼음을 밟는 듯 깊은 물가에 선 듯 위험했지요. 우리는 우러러 '이기게 하옵소서' 하며 간구하고 간구했지요. 다행히 주님의 은총과 도우심으로 겨우겨우 면하여 동정을 보전할 수 있었어요. 피차의 신의가 쇠처럼 돌처럼 굳고 믿음과 사랑은 태산처럼 무겁게 되었지요.

남매가 되기로 언약을 하고 사 년을 지내더니, 요한은 올해 봄에 잡히어 여름 가을 겨울의 네 계절이 바뀌도록 처음 입은 옷을 바꿔 입지 못했어요. 그러다가 여덟 달이 다 되어 죽기에 이르러 비로소 칼 (죄인의 목에 씌운 형구)을 벗을 수 있었어요. 혹시 요한이 주님을 배반한 자가 될까 하여 주야로 염려하며 함께 죽기를 눈물을 흘리며 간청하 였더니 어찌 저보다 앞서 갈 줄 알았겠어요. 이는 더욱 큰 은총이지요. 이제 세상에 더 이상 함께 죽자고 권면할 곳도 없으니, 생각느니 천주 시며 향하느니 천당이에요.

그러다가 10월 13일에 제가 관청의 노비가 되어 평안도 벽동으 로 유배를 가게 되었어요. 그래서 전라도 감영에 들어가 이렇게 말했 지요. '우리들이 천주를 공경하니 국법에 따라 죽이시오. 모두 천주를 위해 죽겠소.' 하니, '바삐 쫓아내라.' 하기에, 다시 더욱 들어앉아 사또 에게 성난 목소리로 다시 이르되, '나라의 녹봉을 먹으면서 어찌 나라 의 명령을 따르지 않으시오.' 하며 여러 말을 했지요. 그는 들은 체도 않고 끌어 내치게 했어요. 어쩔 수 없이 길을 떠나게 되니 우리들은 구 하는 바가 더욱 간절했어요. 그러다 백여 리를 겨우 나가는데 다시 붙 잡혔어요. 이는 극진하여 다시 더할 것 없는 은총이에요. 어떻게 감사 하여야 마땅할꼬. 나 죽은 후라도 주님의 은혜에 감사하소서.

다시 감영에 잡혀 들어와 첫 번째 신문에 '천주를 공경하며 죽 겠노라.' 하니 감영에서 즉시 장계를 올렸고, 답변이 내려오니 다시 감 영에서 재심하고 다짐을 받으며 한 차례 고문을 가한 다음 칼을 씌워 하옥시켰어요. 고문을 받아 살이 터지고 피가 흐르더니 한 식경이 지 나자 아픔이 그쳤어요. 갈수록 은총이에요. 그러다 바라지도 않았는데 사오 일이 지나면서 상처가 다 나았어요. 뜻밖의 일이지요. 감옥에 갇힌 다음 이십 일이 지나도록 작은 고난도 없었으니, 남들의 말로 '수고한 자'라는 말이 아까울 정도였고 진실로 실정과 반대였어요. 남은 수고한 자라고 하지만 나는 도리어 평안한 자라고 하니, 내 집에 앉아 있다고 해서 이처럼 마음이 평안하겠어요. 생각하면 불안하고 두려워, '혹 주님께서 나를 버리셨나', '큰 형벌이 임박했나' 떨리는 마음이 한이 없었어요. 장계를 띄운 지 이십여 일이 지나도 기척이 없고 오히려 풍편으로 살 가능성이 높다는 말이 들리니 주님의 도우심만 바랐어요. 주님께서 설마 날 버리시랴 하며 어서 답변이 내려와 죽기만 바랐어요. 깊숙이 들어앉아 겨우겨우 틈을 얻어 한 장 종이에 글을 쓰니 이것을 받으시면 제 얼굴을 본 듯 하세요. 이 편지로 영원한 작별의 감회를 위로하고자 하니 자연 말이 많아 횡설수설 잠깐 아뢰나니 제가 그리운 때면 이 편지를 펴서 절 본 듯이 하세요.

우리 형제 헤어질 때 내년에 만나자고 했지요? 어느덧 사 년이 흘렀으니 꿈결 같은 세월 중에도 뜻밖이에요. 이런 일을 보면 세상일은 미리 말할 것이 없나 봐요. 사 년을 헤어져 사는 것도 어렵다 했더니, 이제 기약 없는 영원한 이별을 맞으니 마음이 어떠시겠어요. 쓸모없는 이 동생으로 인하여 괴로이 상심만 하시겠지요. 그러나 우리 형님(올케)은 슬기롭고 어지시니 잘 참으시겠지요. 곧 마음을 가라앉히시겠지요. 설사 어떤 소식이 가더라도 안타까워하며 공연히 마음을 태우지 마세요.

부모 자식과 동기간의 정은 다른 사람들은 말하기 어려운 부분이에요. 육신을 벗기 전에는 여기에서 벗어날 수 없지요. 하지만 주님께 열심을 다하면 이런 무익한 데 어찌 신경을 쓰겠어요. 동기의 정에 연연하시면 도리어 제가 한스러우니, 형님네 심사야 오죽하시겠습니까만, 만일 제가 순교의 은혜를 입으면 슬퍼할 것이 없으니, 슬퍼 마시고 경하해 주세요.

어머님과 형님네 애통하실 생각을 하며, 여기에서도 차마 잊지 못하여 유언을 끼치니, 동생의 유언을 저버리지 마세요. 죽었다는 소문을 들으시면 천만번 바라느니 과도히 애상치 마세요. 비천한 자식, 용렬한 동생이 감히 주님의 의자(義子)가 되고 의인이 되어 하늘 위 여러 성자(聖者)의 벗이 되어 아름다운 옷을 입고 하늘나라의 성대한 잔치에 참여하면 이 얼마나 큰 영광이겠어요. 이는 아무리 얻고자 해도 얻기 어려운 일이지요. 자식과 동생이 임금의 총애만 입어도 경하할 일인데 하느님이 총애하시는 자식이 되면 이 얼마나 경하할 일이겠어요. 임금께 총애를 받으려 하는 일은 다투어 구하는데, 구하지도 않았는데 하느님의 은총을 입는다면 이 뜻밖의 은혜 아니겠어요.

저는 천상에서나 지하에서나 지극한 죄인이에요. 이 세상에서는 죄인으로 벽동의 관비가 되었으니 죽도록 이 이름에서 벗어나지 못할 것이고, 천상에서는 주님을 배반하고 은혜를 배신한 죄인이에요.(원죄를 뜻하는 듯) 이런 제가 죽으면 어찌 되겠어요. 그런데 다행히 순교를 하게 되면 일시에 죄명을 다 벗고 만복(萬福)으로 가리니 이 어찌 슬퍼할 일이겠어요. 관비의 형님이라고 하는 말과 순교자의 형님이라고 하는 말이 피차 어떤 것이 좋겠어요. 어머님도 순교자의 모친이 되니 이 이름이 어떻겠어요. 내 순교를 하게 되면 그 기이함을 어느 순교와 비교할 수 있겠어요. 다른 성인들이야 응당 할 일을 하신 것이겠지만, 감히 우러러나 볼 순교를 이 보잘것없는 생명에게 허락하시면 그런 황송한 일이 어디 있겠어요. 그러니 내 죽은 것을 산 것으로 아시고, 산 것을 죽은 줄로 아시며, 나를 잃은 것을 슬퍼하지 마세요. 지난날 주님을 잃은 것을 슬퍼하시고, 다시 주님을 잃을까 염려하세요.

백만 슬픔을 돌이켜 이왕 잃은 바를 위해 울고, 우리의 죗값을 치르세요. 성모에게 몸을 맡겨 마음을 화평하게 하여, 천주께서 앉으실 자리가 되도록 힘쓰세요. 매사 편안한 마음으로 천주의 명령을 따르시면, 이 슬픔을 주어 단련코자 하신 천주의 본의에 합당할 거예요. 그러면 천주께서 반드시 사랑하고 위로하시리니, 주님의 은총을 얻고 공을 세울 기회에 무익하게 상심하여 주님께 죄를 얻으면 저런 안타까운 일이 어디 있겠어요.

편안한 마음으로 매사에 천주의 명령을 따르고 마음의 본성을 살펴 전에 행한 잘못을 뉘우쳐 갚고 선행을 하여 공로를 세우세요. 비록 작은 허물이라도 큰 허물처럼 살펴 큰 죄를 지은 듯 통렬히 후회하세요. 또 선행을 할 기회가 있거든 작은 선행이라도 버리지 말고, 오로지 주님의 도우심만 믿고 의지하세요. 착하게 살다가 천국으로 가실 생각을 하세요. 항상 힘써 뜨거운 사랑을 내세요. 통렬히 후회하는 뜨거운 사랑이 아주 없을지라도, 힘써 행하며 간절히 구하면 주실 거예요. 한때라도 마음을 놓았거든 놀란 듯 깨어 열심을 내어 마음을 다하면 점점 주님께 가까워질 거예요. 제 소원을 받아들여 천주를 뵙고,

형제 모녀 이러구러 쉬 만나게 되면 좋지 않겠어요? 남을 용서하고 자기를 성찰하며 화목에 힘써, 어머님은 주님의 뜻에 맞는 늙은이 되시고, 형님네는 사랑하는 딸이 되시면 좋지 않겠어요?

작은형님,(오빠 이경도의 처) 오라버님 죽어 계시거든 너무 슬퍼 말고 안심안심하여 무익히 몸을 상하게 하지 마세요. 주님의 은혜에 감사하며 두 집안의 어른들을 돌보시고 어린 것들을 보호하세요. 통렬한 후회를 힘써 행하세요. 발분하여 힘쓰며 용기와 힘을 내어 오라버님의 뒤를 쫓아 따르세요.

여기 우리 시삼촌 숙모께서는 여형제도 하나 없는 외동아들을 두었는데 이제 우리와 함께 순교하려 합니다. 같이 형벌을 받고 같은 감옥에 갇혔지만, 극진히 주님의 명령을 받들어 마음이 태연하다 하시니, 이런 분들로 모범을 삼으세요. 우리 자모(慈母, 성모 마리아)와 이왕의 성인들을 본받아서 무익한 곳에 마음을 허비하지 마세요.

큰형님 내외께서 당한 사정도 감당키 어려운 바나 선행을 하여 공을 세우는 것은 이럴 때 더 좋아요. 지금까지도 많이 참으셨습니다만, 시작이 좋았으니 잘 마치는 것이 더 좋아요. 앞일을 조심하여 전에 쌓은 공로를 잃지 말고 극한 고통이 이르러도 마음을 널리 잡으세요. 주님의 명령을 잘 따르면 보답이 있을 줄 믿으시고 조급한 생각을 쫓으세요. 그런 생각을 멀리하면 험난한 일이라도 수고롭지 않을 거예요. 이처럼 마음을 쓰시면 좋을 듯해요. 다른 덕을 간구해도 좋겠지만, 믿음, 소망, 사랑(信望愛)의 세 가지 덕목이 중심이 되어야 해요. 이세 덕목이 진실하면 다른 덕은 자연 따라올 거예요.

아주버님께서는 요사이 어떠신지요? 형님 신세를 생각하면 제 마음이 아파요. 비록 마음에 맞지는 않지만 죄가 될 일이 아닌 명령이 거든 좋을 대로 뜻을 받아 화목이나 잃지 마세요. 이 동생은 결혼한 지 오 년, 동거한 지 사 년 동안 한때도 남편의 뜻을 어긴 일이 없고 집 안사람과 서로 싫어해 본 적이 없어요.

아뢸 말씀이 첩첩하나 죄인을 올리라는 소리가 귀에 들리는 듯 밖이 요란하여 겨우겨우 간신히 부치니 어머님께는 따로 아뢰지 못 해요. 사 년을 헤어져 산 감회와 허다한 이야기 가운데 만분의 일 정 도만 기록했을 뿐이에요. 감옥에 갇힌 죄인을 올리라는 소리만 들리 면 다 나를 올리라고 하는 듯하니, 글을 쓰다가 그치고 그치고 하니 말이나 제대로 되었는지 모르겠어요. 다만 이 편지는 이 동생의 친필 이니 반기실가 여겨 구차히 틈을 얻어 아뢴 거예요.

② 천주의 은혜가 무한하여 절 버리지 않으시어 순교의 은총 을 얻으면, 또 오라버니도 그러하시면, 두 자식이 앞에 섰으니, 주님이 어머님도 좋은 길로 인도하시지 않겠어요? 내 비록 죽은들 어머님과 형님네를 어찌 잊겠어요. 내 만일 내 뜻대로만 되면 넋이라도 어머님 과 형님네를 보련마는 내 공으로 어찌 그런 일이 있겠어요. 선종하기 전에는 장담하기 어려워요. 작은형님도 오라버님 죽어 계시거든 육정 만 생각하여 슬퍼하지 마세요. 부부는 한몸이니 한편이 승천하였으니 어련히 인도하시겠어요? 착한 일을 행함에는 게으르면서, 무익하게 마음만 허비하여 천주와 오라버님에게 근심을 끼치지 마세요.

동아는 우리 오라버님이 하나 남긴 혈속이니 다른 사람들의 사내자식보다 귀하니 육신과 영신(靈身)을 착실히 보호하여 잘 길러 결혼시켜 성녀현부(聖女賢婦)가 되게 하세요. 희아(이순이의 남동생인 듯)는 어찌 살았는고. 그것들 형제를 어찌 글자나 가르쳐 착한 사람을 만들어 서로 의지들이나 하게 했는지. 충주 아우님을 데려다가 서로 의지하고 화목 친애하여 마음을 붙이고 홀어머니를 위로하며 지내시면 내 죽은 후라도 즐거울 거예요.

이 동생은 태어난 지 이십 년에 병 없는 날이 없었고 일마다 불효만 끼치다가 마침내 자식 된 보람도 없이 돌아가니 형님네는 절 대신하여 착실히 효도로 어머님을 봉양하시기 바라요. 육신을 받드는 것도 좋으나 마음을 받드는 것이 더욱 좋으니, 증자(曾子)가 그 아버지에게 한 효도가 증자의 아들 증원(曾元)이 증자에게 한 효도보다 낫다고 하지 않던가요. 저도 시부모를 모시고 살아 보니 어른은 뜻 받드는 것을 으뜸으로 좋아하시니, 형세 빈핍하여 뜻대로 봉양치 못하나 마음을 잘 받들고 위로하시고 보호하세요. 혼모한 정신을 잘 깨우치며, 혹 나이 들어 정신이 어두워 잘못하는 일이라도 의리를 따져 말하지 말고, 부드러운 얼굴로 간절히 아뢰며, 아무리 슬플지라도 어머님을 보아 슬픈 기색을 감추고, 혹 어리광도 하고, 혹 억지로 참고 우스운 말도 하여, 어머님을 잘 보호하세요.

어린 동생들이 오라버님 없은 후는 형님께 의탁이 되니, 오라버님 소임을 대신 맡아 형님 노릇을 하며 어질게 권장하여 아무쪼록 결혼까지 시켜 문호를 보존하게 하세요. 매사 노력하는 사리판단이 분명한 단정한 선비가 되게 하세요. 어머님과 두 동생은 형님밖에는 부탁할 사람이 없어요. 오라버님이 순교를 하셨으면, 저도 요행히 주님의 은혜로 선종을 하여 천국에서 만나고자 해요. 어머님을 어질게 도와 남은 인생을 잘 마치고 선종의 은혜를 얻어 모자와 형제가 천국에서 즐거이 만나게 해 주세요. 부탁부탁하니 어련하시랴마는 제 부탁을 생각하여 두 배로 더 잘해 주세요. 부모 있는 사람은 슬프다고 너무 슬픈 태를 내지 못하니 그를 생각하세요. 범연히 생각하고 하는 말이 아니라 내 형님은 워낙 슬픈 사람이라 이리 말한 거예요.

매동 어르신네께서는 어찌 견디시는지요? 그 형편도 말 못할 형편이지요. 요한 오라버님(이순이와 올케가 모두 아는 친척 오빠인 듯)은 어찌어찌 견디는지요? 그 오라버님께 향하는 정은 죽는 날까지도 잊지 못하겠어요. 세상에 뉘 아니 존경스러울까마는 으뜸으로 심복하고 좋아하는 사람이 그 오라버님이고, 여자 중에는 아가타예요.

여기 요한은 남들은 남편이라고 하지만 저는 충직한 벗이라고 하니 만일 천국으로 올라갔으면 저를 잊지 않겠지요. 이 세상에서도 절 위하는 마음이 지극하였으니, 만복이 있는 곳에 머물고 있다면, 제가 부르는 소리가 암암히 귀에서 떠나지 않으리니, 평소 함께 죽자던 언약을 저버리지 않았으면, 이번에는 제가 하늘나라로 갈 수 있게 하겠지요.

언제 감옥을 벗어나 대군대부(大君大父)와 천상모황(天上母皇)과 사랑하던 시아버지와 시동생과 충직한 벗 요한을 만나 즐길까. 그러나 한없이 큰 죄를 지은 죄인이 아무리 바라고 바란들 일이 쉬 되겠

이순이의 무덤

시집 식구 여섯 명과의 합묘다. 시부모 유항검 · 신희 부부, 시숙모 이육희, 이순이 · 유중철 부부, 시동생 유문석, 사촌시동생 유중성의 모두 일곱 명이 묻혀 있다. 원래 이들의 시신은 이순이의 시집 고향 부근에 가매장되어 있었는데, 백여 년이 지난 1914년 전주시 남동쪽에 있는 현재의 '치명자산'으로 이장했다. 치명자산은 원래 '중바위산'이었는데, 치명자의 유해를 모시면서 이름이 바뀌었다. 치명은 당시 천주교에서 순교를 뜻하는 말이다.

어요. 슬픈 일이 너무도 많으니 그것을 다 적자면 그것을 적을 대나무가 다 마를 지경이에요.

우리 시누이 동생은 호화롭게 지내던 몸이 부모 동생을 다 잃고 가산까지 빼앗기니, 넓은 집을 버리고 퇴락한 초가집에 불쌍한 숙모와 늙어 정신이 어두운 조모를 맡고 있어요. 혼례 후에 시집으로 들어가야 하는데 아직 신행도 못하고 이제 시집에서 데려가려고 하지 않으니 신세가 가련하고 불쌍해요. 어찌 말로 다하겠어요. 세 명의 시동생은 구 세, 육 세, 삼 세 아이로 거제도, 흑산도, 신지도로 각각 귀양을 보냈으니, 그 경상을 차마 어찌 볼 수 있겠어요. 시어르신네 동서분(시어머니와 시숙모)과 서울 가 계시던 시사촌(유중성)과 한뜻 한마음으로 힘을 합하여 일을 치르고 있으니, 같이 진술하고 같이 신문을 받으며 같이 벌을 받아 같이 갇혔으니 마침내 같이 처형될 거예요.

큰형님께서 아이 남매를 기르시는 중 저에게 향하는 정은 특별히 달랐으니 품에서 기른 연고인가 하노라 하시니 저 역시 그래요. 그럴수록 제 죽은 것을 슬퍼 마세요. 요행히 제가 주님의 은혜로 천국으로 올라가고, 형님께서 부지런히 공을 세워 선종하시거든, 제가 손을 이끌어 모셔 가고자 해요.

영결을 아뢰는 붓을 드니 천 갈래 만 갈래 이야기가 그칠 길이 없고 허다한 생각은 한 자루 붓으로는 다 쓸 수 없어요. 다 적지 못하고 그치니, 이후 내내 착한 일을 행하여 공을 세우세요. 몸을 편안히 하고 영신을 깨끗이 하여 함께 천국으로 올라가 내 부모와 형 부모를 즐거이 모시고, 우리 형제가 천국의 삶을 누리며 영원 동락하기를 우러러 바라니, 죽은 다음에도 시시로 간구할 거예요. 행여 내 이 바람을 못 이루고 살아나게 되면 어찌 될까 이리 두려우니 죽어도 슬퍼들 마세요.

제 처음 감옥에 잡혀 올 때, 바라던 일이 쉬 이루어질까(죽을까) 하여, 창황한 가운데 두어 자 이별의 말을 어머님께 아뢴 게 있지요. 이 편지는 보신 후 니동 형님 주어 날 본 듯이 보게 하세요.

종이에 가득한 허다한 이야기가 자기는 착하지도 못하면서 남은 착하라 권하니, 진실로 길가의 장승이 자기는 길을 알려 주면서도 스스로 돌아갈 길은 모르는 것과 같아요. 그러나 사람이 죽을 때가 되면 그 말이 착하다 하지 않던가요. 죽을 사람의 말은 그르지 않으니 눌러 보세요.

동정결혼과 옥중편지의 초대교회적 원형

초대교회는 예수 사후부터 313년 기독교가 로마제국의 공인을 받기 이전까지의 기독교회를 가리킨다. 예수의 제자와 여러 사도들이 로마제국 각 지역으로 나가 포교하던 시기이며, 동시에 기독교가 로마제국 곳곳에서 박해를 당하던 때이다. 초대교회는 초기인 만큼 기독교의 기본적인 틀이 형성되던 시기인데, 이 시기에 이미 이순이가 보여 준 동정결혼과 옥중편지와 유사한 형태가 나타난다는 점이 흥미롭다. 이순이의 행위는 기독교의 오랜 전통 속에 있는 것이다.

동정에 대한 기독교의 선호는 『성경』에서부터 보인다. 예수와 같은 시기를 살았던 인물인 사도 바오로는 고린도 교회에 보내는 편지에서 이렇게 말했다. "내가 혼인하지 아니한 자들과 과부들에게 이르노니, 나와 같이 그냥 지내는 것이 좋으니라. 만일 절제할 수 없거든 혼인하라. 정욕이 불같이 타는 것보다 혼인하는 것이 나으니라." 바오로는 견딜 수만 있으면 혼자 사는 것이 좋다고 했다. 세상이 곧 멸망하리라는 종말론적 의식이 강하게 지배하던 초대교회에 결혼을 해서 자손을 낳는 것은 그리 중요한 일이 아닐 것이다. 이런 독신 생활에 대한 선호는 수도원 운동으로 연결되었다. 자기 수양과 신앙생활을 중시하는 수도자에게 혼인은 번거롭고 불편한 일일 수밖에 없다. 심지어 일부 극단적인 교인들은 "결혼은 악한 것"이라고 주장하기도 했다. 부차적인 것이었던 결혼이 나쁜 것으로 바뀌기도 했던 것이다. 이런 극단적인 흐름이 나타나자 『성경』에 기초하여 이에 대한 반론이 생겨나기도 했다. 그 일례가 아우구스티누스의 『결혼의 유익에 관하여』(401년경 기록)라는 글이다.

독신과 동정에 대한 숭앙은 중국에 천주교를 전한 서양 선교사의 저작에서도 확인된다. 마테오 리치의 『천주실의』는 물론, 판토하의 『칠극』과 같은 책에서도 독신의 가치는 긍정적으로 설명된다. 특히 『칠극』에는 이순이 유중철 동정부부를 떠올리게 하는 요한이 만난 어떤 소년이라는 동정부부의 한 모델이 있는데, 이런 독신과 동정의 모델은 성인 전기집에 더욱 많다. 예수부터 독신의 모델이라 할 수 있으니 꼭 따로 찾을 것은 없지만, 조선의 초기 천주교회에 전해진 성인 전기집인 『성년광익』을 보면 동정을 지킨 사람을 수없이 찾아볼 수 있다. 동정의 숭앙이 남녀 어느 일방에게 더 요구된 것은 아니지만, 생리적 조건의 차이 때문인지, 아니면 다른 이유가 있는지, 여자의 경우 그런 사람이 훨씬 많다.

동정을 지키려면 당연히 결혼을 해서는 안 된다. 결혼을 하고 부부로 살면서 동정을 지킬 수는 없다. 결혼과 동정은 원칙적으로 양립할 수 없는 것이다. 그러나 동정결혼의 사례는 이미 예수의 부모인 마리아와 요셉에게서도 찾아볼 수 있다. 마리아가 과연 평생 동정을 지켰는지 하는 문제에 대해서는 기독교 내에서도 이견이 있지만, 천주교에서는 마리아가 평생 동정을 지킨 것으로 받아들인다. 마리아가 동정을 지켰다면 요셉도 다르지 않았다고 볼 수 있으니, 이들이 최초의 동정부부인 셈이다.

초기 기독교에서 동정부부의 예는 마리아와 요셉 외에도 더 찾아볼 수 있다. 대표적인 부부가 세실리아와 발레리아누스 부부다. 이들은 3세기의 인물로, 동정 서약을 한 세실리아를 어머니가 억지로 발레리아누스와 결혼하게 했다. 그런데 세실리아는 첫날밤 남편을 간곡히 설득해 함께 정결을 지켰다. 이 부부의 예는 한글로 번역된 성인 전기집인 『주년첨례광익』 제4권에 「세시리아와 왈너리아노」라는 제목으로 실려 있다. 『주년첨례광익』이 19세기에 간행된 책이긴 하지만 그 내용 가운데 상당수는 이전에 번역되었을 가능성이 높다. 이런 사례들이 이순이와 유중철의 동정결혼에 영향을 끼쳤을 가능성이 있는 것이다.

이 밖에도 4세기 인물인 율리아누스와 바실리사 부부, 5세기의 안드로니쿠스와 아타나시아 부부, 생년이 분명치 않은 갈라티온과 에피스테메 부부가 부부 간에 정결을 지켰다. 기록이 불확실하긴 하지만 이들은 부부 생활을 하다가 자식이 죽는 등의 큰 변고를 계기로 하여 쌍방이 합의하여 부부 간에 정결을 지켰으니 동정부부라고 할 수는 없고 정결부부라 할 수 있을 것이다.

이런 여러 가지 이유로 부부가 동정을 유지하거나 정결을 지킨 경우가 있지만, 처음부터 동정을 지키기 위해 의도적으로 결혼을 한 사례는 찾아지지 않는다. 사회의 의심을 피하면서 동시에 동정을 지키기 위한 방편으로 결혼을 택한 동정결혼은 초대교회나 다른 데서도 잘 보이지 않는다. 이순이의 결혼을 주선한 주문모 신부는 마리아와 요셉 외에도 초대교회 성인들 중에 부부가 합의하여 관계를 맺지 않은 일이 있었음을 상기하고 동정을 지키기를 원하는 두 젊은 남녀에게 동정결혼을 제안하지 않았나 한다. 이런 점에서 보면 조선 천주교의 동정결혼은 초대교회의 원형과 조선의 현실이 결합하여 탄생했다고 할 수 있다.

한편 순교자의 옥중편지 역시 초대교회에 유사한 사례가 있는데, 『페르페투아 순교기』가 그것이다. 페르페투아는 202년경 북아프리카 카르타고에서 순교했다. 그는 젖먹이 아이를 가진 스물한 살의 젊은 엄마였으며, 임신 팔개월의 몸종 펠리치타와 함께 순교했다. 그는 옥중에서 겪은 일과 옥중에서 본 환상을 기록하여 전했다. 아버지가 감옥으로 와서 자신의 흰머리를 가리키며 늙은 아버지를 생각해서라도 배교하라고 했고, 집정관은 어린 젖먹이를 생각해서라도 배교하라고 권했지만, 단호히 거절했다. 저기 있는 꽃병이 다른 이름으로 불릴 수 없는 것처럼, 기독교도인 자신도 다른 이름으로 존재할 수 없다고 했다. 그는 죽는 순간까지 하느님께 감사를 드렸고 자기 삶이 행복하다고 했다. 미친 소의 뿔에 받혀 몸이 던져졌을 때 상처를 만지기보다 옷 밖으로 드러난 허벅지를 가리고 머리핀을 찾아 머리를 단정히 했다. 페르페투아는 마지막 순간을 지켜보던 동료 신자에게 "믿음을 가지고 서로 사랑하세요. 우리가 겪는 엄청난 고통이 여러분의 신앙에 걸림돌이 되지 않게 하세요."라고 말하며 격려했다고 한다.

페르페투아의 순교 기록은 이순이의 옥중편지와 흡사하다. 페르페투아가 죽을 때 정결함을 잃지 않으려고 한 행동은 옷을 벗기려는 망나니를 막은 이순이의 언행을 떠올리게 한다. 이순이도 어쩌면 페르페투아를 떠올렸는지 모른다. 이순이는 어릴 때 다른 양반 집 딸처럼 중국에서 전래된 『열녀전』을 읽었을 것이다. 유교적 『열녀전』의 전통과 『성년광익』이나 『주년첨례광익』 등에 실린 기독교 성인과 성녀의 삶을 배우며, 정결, 동정의 뜻과 신앙적 자세를 굳혀 나갔을 것이다.

4장   박해와 순교

박해의 원인,
반역죄

조선의 천주교도는 일찍이 정부를 향해 칼끝 한 번 겨눈 일이 없다. 그런데도 조선 정부는 천주교도가 나쁜 신앙을 가지고 있다며 만 명 아니 그 배도 넘을 수 있는 수의 신도를 죽였다. 천주교도는 이런 대규모 학살에도 불구하고 무장 저항 한 번 하지 않았다. 도대체 조선 정부는 이런 순종적인 천주교도를 왜 이렇게 가혹하게 박해했을까?

1801년 신유박해의 원인을 설명하는 논리 가운데 당시 집권당인 노론 벽파가 남인을 공격하기 위해서 벌인 것이라는 설이 있다. 남인들 중에 천주교도가 많으니 남인 세력을 공격하기 위해 천주교를 쳤다는 것이다. 실제로 천주교를 믿은 양반 신자 중에 남인이 절대다수를 차지하고 있다. 그러니 이 설이 영 잘못은 아닌 듯도 하다. 만약 노론 벽파 쪽에 천주교 신자가 많았다고 해도 이런 박해가 일어났을까 가정하면 더욱 그렇다. 그러나 당쟁을 근 일 세기를 끌어온 천주교 박해의 주 원인으로 보기는 어려운 듯하다. 반대당이 궤멸된 뒤에도 박해가 지속되었다는 점과 너무도 많은 일반 백성이 희생되었다는 점에서 당쟁을 근본 원인으로 드는 것은 적당치 않은 듯하다. 더욱이 남인이 세력을 얻어 가던 정조 말년에도 박해가 있었고, 노론 벽파가 세력을 잃은, 정순왕후의 수렴청정이 끝난 다음에도 박해가 있었다는 점에서 더욱 그렇다. 천주교 박해는 집권 세력의 당색과 무관하게 이어졌던 것이다. 당쟁이 신유박해를 더욱 가혹하게 만든 원인이라면 납득할 수 있지만, 신유박해의 근본 원인으로 볼 수는 없다는 말이다. 그렇다면 천주교 신자들은 왜 그렇게 엄청난 박해를 받았을까?

조선의 천주교 신자들은 "도적(盜賊)"으로 처벌을 받았다. 도대체 천주교 신자들이 무엇을 훔쳤기에 그런 죄명을 얻었을까. 조선 시대의 도적은 지금 말하는 강도, 도둑과는 성격이 다르다. 남의 물건을 훔치는 것도 도적이지만, 나라를 훔치는 것도 도적이다. 조선은 형법에 있어서는 중국의 형법전인 『대명률』을 원용했는데, 이 법령집을 보면 도적죄 아래에 모반죄와 대역죄 등이 있다. 또 훔친 것도 도적이지만 훔치려고 한 것만으로도 도적이 된다. 마음속으로 훔치려는 생각만 가져도 도적이다. 조선의 천주교 신자들은 이런 포괄적인 의미에서 '도적'이었다.

1791년 최초로 순교한 윤지충, 권상연의 예를 들면, 그들에게는 구체적으로 『대명률』의 사무사술금지조(師巫邪術禁止條), 발총조(發塚條), 조요서요언조(造妖書妖言條) 등이 적용되었다. 천주교라는 이단의 종교를 믿고 따른 것은 사술을 금지한 법령을 어긴 것이고, 조상의 신주를 태운 것은 선조의 무덤을 파헤친 것과 같은 일로 보았다. 또 천주교 교리서를 만들고 베끼고 전한 것을 요망한 말을 만든 일로 취급했다. 그래서 이런 여러 가지 죄가 적용되었다. 이들 죄목은 모두 『대명률』에서 도적죄에 포함되는 것이다.

1801년 신유박해를 더욱 거세게 몰아가게 한 계기가 된 『황사영백서』에는 천주교 신자들이 사법부에서 어떻게 다루어졌는지에 대해 이렇게 말하고 있다. "국법에 조정의 신하와 역적은 의금부에서 다스리고, 포도청은 오로지 도적을 맡습니다. 서민들은 죄가 있으면 형조에서 다스리는데, 교우들은 모두 서민인데도 포도청으로 잡혀 들어갑니다. 도적죄가 적용되었기 때문입니다. 이 가운데 의금부로 옮겨지는 사람들은 역적으로 처리됩니다." 황사영은 천주교도가 도대체 왜 도적과 역적이 되었는지, 천주교도가 도대체 무엇을 훔쳤으며 나라에 무슨 해를 끼쳤는지 항변했다. "천주교는 충효와 자애에 힘을 쓰니, 온 나라가 이를 숭상하면, 이는 조선의 무한한 복이 될 것입니다."라고 주장했다.[1]

황사영이 굳이 천주교도의 충효를 강조한 이유는 천주교를 향한 세상의 비판이 무부무군(無父無君)에 초점을 맞추고 있기 때문이다. 천주교를 아비도 임금도 모르는 충효를 부정하는 패륜의 사교로 본 것이다. 본격적인 대박해의 길을 연 1801년 1월 10일의 대왕대비 정순왕후의 하교도 이 부분에 중점을 두고 있다.

선왕 정조께서는 늘 정학(正學, 유학)이 밝게 비추면 사학(邪學)은 저절로 사라질 것이라고 하셨다. 지금 들으니 이른바 사학이라는 것이 옛날과 다르지 않고 서울에서부터 경기도, 충청도에 이르기까지 날로 더 번성한다고 한다. 사람이 사람 구실을 하는 것은 인륜이 있기 때문이며, 나라가 나라 꼴을 갖추는 것은 교화가 있기 때문이다. 그런데 지금 이른바 사학은 아버지도 없고 임금도 없이(無父無君) 인륜을 무너뜨리고 교화와 어긋나 저절로 오랑캐나 짐승의 세계로 돌아가고 있다. 그런데도 저 어리석은 백성들은 점점 여기에 물들고 어그러져서 마치 어린아이가 우물에 빠진 것 같으니, 이 어찌 측은하고 상심하지 않을 수 있겠는가?

남인으로서 천주교 공격에 앞장섰던 이른바 공서파(攻西派, 서학, 곧 천주교를 공격하는 파라는 뜻)의 한 사람인 이기경은 천주교의 십계명에는 임금 섬기는 일에 대한 말은 전혀 없고 부모 공경에 대한 계명은 네 번째에야 나온다고 비판했다.(『벽위편』, 107쪽) 이처럼 천주교 비판의 핵심이 무부무군의 불효, 불충이니, 변명의 골자도 이것이 될 수밖에 없다. 임금에 불충하는 집단이라면 도적과 역적이라 할 수 있다. 정약용의 조카이자 유명한 순교자 정약종의 아들인 정하상은 순교를 준비하며 「상재상서(上宰相書)」 곧 우의정 이지연(李止淵)에게 보내는 「재상에게 올리는 글」을 썼다. 이 글에서 그는 천주교에 퍼부어지고 있는 여러 비판에 대해 변호했는데, 무부무군이라는 비판에 대해서는 아래와 같이 말했다.

또 이르기를 아비도 없고 임금도 없다고 하니 이는 천주교의 교리를 모르고 하는 말입니다. 십계명 가운데 넷째는 '부모를 효도로 공경하라'입니다. 대저 '충효' 두 글자는 만대가 흘러도 바꿀 수 없는 도입니다. 부모의 뜻과 몸을 봉양하는 것은 자식 된 자로서도 당연한 일이지만, 천주교의 가르침을 받든 자는 더욱 근신합니다. 그러므로 부모를 섬길 때 예를 다하고 봉양할 때 힘을 다 바칩니다. 그 정성스러운 마음이 임금에게 옮겨 가면 몸을 버려 목숨을 마치게 되고, 물불을 가리지 않고 피하지 않습니다. 그렇게 하지 않으면 십계명을 어기는 셈이 됩니다. 이런 것을 알고도 과연 천주교가 아비도 임금도 모른다고 말할 수 있겠습니까?

그러나 임금이 금지하는 것을 백성이 행하기도 하고 아버지가 막아도 자식이 행할 때도 있습니다. 이런 것을 가지고 아비도 없고 임금도 없다고 말하는 것입니까? 이런 것 때문이라면 또 할 말이 있습니다. 무릇 지위에는 높고 낮음이 있고, 일에는 가볍고 무거운 것이 있습니다. 한 집안에서는 아비가 가장 중하나, 아비보다 존귀한 분이 임금입니다. 한 나라에서는 임금이 가장 중하나, 임금보다 존귀한 분이 하느님(天地大君)이십니다.

아비의 명령을 따르느라 임금의 명령을 따르지 않으면 죄가 무거우며, 또 임금의 명령을 따르느라 하느님의 명령을 따르지 않으면 그 죄는 더 심하여 비할 바가 없습니다. 그러므로 우리가 천주를 받드는 것은 일부러 임금의 명령을 어기려는 것이 아니며, 어쩔 수 없어서 그렇게 된 것입니다. 이 한 가지 일을 들어서 천주교가 아비도 모르고 임금도 모른다고 말하는 것이 옳겠습니까?[2]

정하상은 신유박해 때 나라에서 그토록 많은 사람을 죽이면서도 그 교리에 대해서는 아무도 구체적으로 따지려 하지 않았다면서, 삼천육백여 글자에 이르는 짧은 한문글을 통해 천주교의 교리를 간단히 요약하고 천주교를 변호했다. 천주교도는 아비도 임금도 모르는 놈들이라는 비판에 대한 정하상의 변호는 논리적이며 정당하다. 현실적으로 천주교 박해기의 조선 신자들은 다른 어떤 조선 사람들보다 건강하고 건전하며 자기희생적이고 성실한 사람들이었다. 좋은 부모였고 좋은 자식이면서 좋은 백성이었다. 비록 맨 앞에 나오지는 않지만 십계명에 이미 부모를 공경하라는 말이 있으니 무부무군은 터무니없는 비판이었다. 박해 받을 사람들이 아니라 오히려 표창을 받아야 할 사람들이었다.

그러나 근본을 따지고 보면 박해자의 생각도 틀리지 않았다. 천주교도에게 아버지와 임금이 없다고 할 수는 없지만, 그 위계가 모두 하느님 아래라는 데 문제가 있다. 절대군주의 성격상 임금 위에는 아무도 없어야 하는데 천주교는 그 위에 새로운 권력을 설정했다. 하느님이라는 천상 권력이다. 이순이도 임금의 총애를 받는 것보다 하느님의 총애를 받는 일이 더 중요하다고 했다. 천상 권력은 임금이 그것을 받아들이는 경우에는 문제가 없지만 그렇지 않은 경우에는 현실적으로 문제가 생기게 된다. 천상 권력은 현실에서는 교회 권력으로 나타나는데, 이 땅에서 천상의 권력을 대리하고 있는 교회 권력 곧 교권과 왕권이 대립하고 갈등을 일으킬 수 있는 것이다.

잘 알려진 바처럼 천주교를 믿는 서양 국가에서도 역사적으로 이 두 권력은 수시로 대립하고 충돌했다. 거슬러 올라가면 예수부터 유대인의 왕으로서 로마 황제의 권력에 도전한다는 혐의를 입었다.[3] 서로가 우위를 주장하는 한 교회 권력과 현실 권력은 충돌을 피할 수 없다. 조선 천주교회야 워낙 미약했기에 감히 맞설 형편이 아니었지만 교회가 자립하는 순간 언제든지 왕권과 충돌할 수 있다. 종교 공동체 는 본질적으로 정치 공동체이다. 조선의 지배 권력은 이런 본질을 꿰뚫어 보았던 것이다.

하느님 — 임금 — 아버지로 이어지는 권력의 서열은 정하상 때 비로소 체계화한 것이 아니다. 최초의 순교자 윤지충의 신문 기록부 터 그 서열은 이미 분명히 드러나 있다. 윤지충은 전라도 관찰사인 정 민시의 신문을 받으면서 천주교 교리의 본질을 설명했는데, 신문관과 윤지충의 날카로운 논쟁에서 조선 천주교의 기본 성격은 이미 모두 드 러나 있다. 이 신문 내용은 『죄인지충일기』라는 책으로 묶여 신유박 해 당시에도 읽혔는데, 지금 원본은 남아 있지 않고 달레의 『한국천주 교회사』에 프랑스어로 번역된 것만 있다.

신문관이 천주교의 십계에 왕과 신민의 관계에 대한 말이 없 으니 무군(無君)이라고 할 수 있다고 하니, 윤지충은 넷째 계명 부모를 효도로 공경하라는 말에 이미 이런 뜻이 다 포함되어 있다고 했다. 임 금은 온 나라의 아버지라는 것이다. 신문 마지막까지도 이 문제가 핵 심적 쟁점이었는데, 마지막에 신문관이 '부모나 임금이 계속 반대해도 천주교를 따르겠느냐.'고 묻자 윤지충은 대답하지 않았다. 비록 말은 하지 않았지만 문답의 진행으로 보아 윤지충의 대답은 분명하다. 천주교를 따르겠다는 것이다. 무부무군으로 몰아가려는 신문관의 의도를 알고 답을 하지 않았을 뿐이다. 아무리 부모나 임금이 하느님을 부정하라고 해도 부정할 수 없는 것이 윤지충의 하느님이다.

하느님을 맨 위에 두는 위계질서는 임금과의 관계뿐만 아니라 아버지와의 관계에서도 문제가 되었다. 초기 천주교회의 대표적인 지도자인 이벽과 이승훈이 모두 '가정 내 박해'로 배교했다. 배교하라는 부모의 강력한 명령을 거역하지 못한 것이다. 가정 내 박해의 대표적인 사례는 신유박해 때 경기도 관찰사였던 이익운에게서 볼 수 있다. 이익운은 신유박해 때 천주교 신자들을 거세게 비판하는 상소를 올렸는데 기실 그의 아들 이명호가 천주교도였다. 이명호는 이미 1795년 천주교도를 박해할 때 아버지를 버려두고 도망을 갔다는 혐의를 입었다. 아버지를 죽음의 위험 속에 던져두고 도망갔다는 것이다. 신유박해 때 유생들 사이에서 이명호를 비판하는 통문이 돌았는데, 그 후 이명호는 갑자기 죽었다. 건장한 청년이 하루아침에 죽은 것을 두고, 아버지가 아들에게 독약을 먹였다는 말이 있었다.[4]

「상재상서」를 올린 정하상을 참수한 1839년의 기해박해 이후, 조정에서는 「척사윤음(斥邪綸音)」을 반포하여 정하상의 논리를 단호히 배격했다. "아! 군신의 의리는 세상에서 빠져나갈 곳이 없는데, 저들은 교황이니 교주니 하는 칭호를 만드니, 오랑캐의 추장이나 적당의 우두머리와 같다. 뿐만 아니라 임금의 권력을 훔쳐 다스림과 명령이 미치지 않는 곳을 만들려고 하니, 근본을 흔듦이 어찌 이리 심하냐?"[5]고 공격했다. 정하상은 하느님의 천상 권력을 말했지만 조정의 반박은 교황이니 교주니 천주교가 만든 지상의 교회 권력을 정확히 겨누었던 것이다.

사실 무부무군이라는 말은 천주교에만 겨누어진 비판이 아니었다. 불교도 똑같은 비판을 받았다. 그러나 불교는 천주교와 같은 박해는 받지 않았다. 정하상도 이 점을 잘 알고 불교나 무속과 비교해 천주교를 변호했다. 그러나 천주교는 이들과 같은 취급을 받을 수 없었다. 조선의 초기 천주교 신자들은 처음에는 추상적이고 관념적인 하늘의 뜻, 곧 천명에 순종하는 유교의 논리를 발판으로 천주교의 하느님을 받아들였을 것이다. 그렇게 해서 쉽게 천주교를 받아들일 수 있었다. 그런데 천주교의 하느님은 실은 그 정도의 피상적 수준이 아니었다. 불교처럼 기존의 다른 가치 또는 신앙 체계와 양립하며 포섭될 수 있는 종교가 아니었다. 천주교의 십계명 가운데 첫 번째 계명이 하느님 외에 다른 신을 두지 말라는 것이다. 애초부터 다른 신앙 체계에 포섭될 수 있는 것이 아니고, 오히려 다른 신앙 체계를 극단적으로 배척하는 것이다. 이상적 유교 이념을 믿으며 엄격히 이단을 배척해 온 조선에서 도저히 용납될 수 없는 신앙이었다. 이미 엄격한 관념적 절대주의 이념인 성리학에 기초하고 있던 조선에서, 똑같이 아니 그 이상으로, 절대주의적인 천주교는 그 자체가 도전과 반역일 수밖에 없었다.

더욱이 천주교는 불교나 무속과 달리 배후에 그 힘을 가늠할 수 없는 막강한 현실 권력이 있었다. 초기에는 그 위험성까지 보지는 못했지만, 유항검 집안에서 서양의 큰 배를 청하려 했다는 진술이 흘러나오고, 황사영이 그런 내용을 비단에 써서 중국으로 보내려고 한 것까지 드러나자, 위기감이 극도로 높아졌다. 이 정도 수준이면 의심할 여지가 없는 반역이다. 반역할 뜻이 있을 뿐만 아니라 반역을 시도했으며 여기에다 반역할 힘까지 있다는 것이 드러났다. 반역에 연루된 사람들을 모두 극형에 처해도 누구도 아무 말도 못할 상황이 되었다. 단순히 기술적 우위만 있는 것으로 여겨졌던 서양 무력의 실체는 나중에 중국과의 전쟁에 구체적으로 드러났다. 중국을 순식간에 패퇴시킨 서양의 무력을 보고 조선 정부는 긴장하지 않을 수 없었다. 그에 대한 반발이 후대의 병인박해 등 대박해, 대학살로 이어졌다.

천주교 교리를 조선 왕조의 지배 이념, 권력 속성과 견주어 볼 때, 박해는 이미 예견된 것이다. 조선 천주교 초기에 이벽이 천주교를 믿는다는 말이 들리자 남인의 대표적인 학자 이가환이 이단의 포교를 막기 위해 나섰다고 한다. 그리고 이벽과 며칠 논쟁을 벌인 끝에 이런 말을 남겼다고 한다. "이 도리는 훌륭하고 참되다. 그러나 이를 따르는 사람들에게 불행을 갖다 줄 것이다. 어떻게 할 것인가."(달레, 1-309) 전해오는 말이긴 하지만 기본적으로 천주교가 조선에서 도적이 되고 반역이 될 수밖에 없음을 분명히 드러낸 말이다.[6]

순교에 이르는 길

배교, 신앙의 단련

옥중편지 외에 이순이의 신앙을 구체적으로 보여 주는 다른 증거는 없다. 전기적 사실은 그가 독실한 천주교 신앙의 가정에서 태어났다는 것과 신앙을 지키다가 죽었다는 것뿐이다. 다만 신앙이 단련되는 과정과 관련해서 그가 열세 살 때 겪은 일은 주목을 요한다.

1791년 조선의 천주교회는 북경의 본부로부터 조상 제사를 금지하는 명령을 들었다. 조선 신자들은 일대 혼란에 휩싸였는데, 이 중 몇몇은 명령에 따라 신주를 불태우고 제사를 올리지 않았다. 이 말이 흘러나오면서 천주교회는 패륜 집단이 되어 버렸고 윤지충과 권상연이 순교를 했다. 이때 이순이의 아버지도 어떤 처벌을 받지 않았나 하지만 확인되지는 않는다. 드러난 사실로는 외삼촌 권일신의 처벌이 있을 뿐이다.

권일신은 천주교회의 교주(敎主)로 지목되면서 정조의 각별한 관심을 받았다. 불량한 사상을 없애기 위해 먼저 지도자의 마음부터 바꾸어야 한다고 생각한 정조는 엄중한 신문과 설득을 병행했다. 달레의 『한국천주교회사』(1-358)에서는 권일신이 혹독한 고문을 잘 견뎠고, 그래서 마침내 정조가 살아서는 돌아오기 어려운 섬 제주도로 유배 보내라고 명령했다고 했다. 『정조실록』을 보면 11월 3일에 붙잡혀 와서 11월 8일에 유배령을 들었으니 권일신은 오륙 일 동안 고문을 잘 견딘 듯하다. 그런데 11월 8일 형조에 옮겨 와서 이삼 일만에 말을 바꾸었다. 함께 잡혀 있던 중인 최필공에게 배교를 설득할 정도로 자연스러운 반성의 모습을 보였다.(『승정원일기』)

　　사형에서 제주도 위리안치로 감형되었던 권일신은 반성한 다음 다시 감형되어 충청도 예산으로의 유배형에 처해졌다. 예산은 서울에서 왕래가 쉬운 가까운 육지일 뿐만 아니라 천주교 교세가 성한 곳이다. 정조는 그를 천주교도가 많은 곳에 보내 반성이 온전한지 확인하고자 했다. 정조는 권일신에게는 유배 죄수들의 목에 채우는 칼도 채우지 못하게 했고, 여든 살이 거의 다 된 노모에게 인사를 드리고 가라면서 열흘의 휴가까지 주었다. 특별한 대우로 권일신을 달래고자 한 것이다. 달레의 『한국천주교회사』에 의하면 권일신은 유배지로 가기 전 며칠 동안 서울의 이순이 집에 머물렀다고 한다. 고문으로 만신창이가 된 몸을 이끌고 고향 양근까지 가기는 어려울 것이니 노모가 딸 집으로 왔던 모양이다.

　　고문으로 운신하기도 힘든 몸을 끌고 집으로 들어온 외삼촌을 이순이가 보지 않았을 리 없다. 더욱이 성균관 유생들이 올린 상소에 아버지가 외삼촌과 한 무리로 지목되고 있었으니 집안 전체에 흐르는 불안과 공포를 느끼지 못했을 리 없다. 자기와 자기 집안이 믿고 있는 신앙이 어떤 대가를 치러야 하는 것인지 이미 십 대 초반에 알 수 있었던 것이다. 그리고 외삼촌을 통해 신앙을 지킨다는 것이 얼마나 고통스러운지도 알았다. 이순이는 외삼촌의 육체적 상처와 배교라는 심적 고통을 보았다. 몸 상태가 어떠했는지 권일신은 유배지에 도착하지도 못하고 죽고 말았다.

권일신이 겪은 배교의 고통은 『정조실록』과 『승정원일기』에 나오는 그의 공술을 통해 짐작할 수 있다. 『정조실록』 1791년 11월 8일조에 있는, 권일신이 형조에서 공술한 내용을 보자.

형조에서 아뢰었다. (중략)

권일신의 네 번째 공술. "예수는 그 책(『천주실의』)에서 그 나라의 현인으로 불린 사람으로, 제가 같은 시대에 태어나지 않았고, 같은 나라에 있지 않아 그 행적을 잘 알지 못하는 이상, 그가 어진지 사악한지는 말할 수 없습니다. 그러나 그 말이 사람의 오륜(五倫)에 벗어나니, 반드시 사교(邪敎)일 것입니다. 하지만 그 사람의 사악함을 잘 알지 못하니 어떻게 남이 한다고 해서 그냥 따르겠습니까." (중략)

권일신의 일곱 번째 공술. "천주학은 공자나 맹자의 학문과 달라 오륜에 어긋날 뿐만 아니라 나아가 제사를 폐지하고 사람의 마음을 빠뜨리는 것입니다. 이는 곧 사학(邪學)입니다."

그는 자신이 교주로 불린다는 사실에 대해 뜬소문이라며 극구 변명했는데, 유독 예수에 대해서는 끝내 사특하고 망령되다는 말로 변명하지 않았습니다. 엄한 형문에도 전과 같은 말만 되풀이하니, 이로써 그가 사학에 빠져 미혹되었음을 볼 수 있습니다. 고문을 가한 후에야 비로소 천주교가 '사학'이라고 한 두 글자의 진술을 얻었습니다만, '교주로 불렸다는 것'과 '천주교 서적을 간행했다는 것'의 두 가지 혐의에 대해서는 변명한 것이 근거가 없습니다. 더욱 엄히 신문하여 자백을 받겠습니다.

조선 천주교회의 지도자인 권일신이 회초리 한 대로 바로 자기 신앙을 버리지는 않았을 것이다. 처음 잡혀 와서 신문관들에게 어떤 태도로 어떤 진술을 했는지 모르나 하루 이틀 시간이 흐르면서 고문에 지쳐 신앙을 강하게 증거하기보다 문제를 피하려고 했던 듯하다. 위의 네 번째 공술을 보면 예수를 신앙의 대상으로 강하게 주장하지도 않고 그렇다고 명확하게 사악하다고 부정하지도 않는다. 모르겠다는 식으로 얼버무리고 있다. 이런 태도에 만족하지 못한 신문관이 천주교가 나쁘다는 말이 나올 때까지 고문을 가하자, 결국 그의 입에서 '사학'이라는 말이 나왔다. 신문관은 진심을 토로한 것 같지 않은 그의 반성에 만족하지 않았지만 정조는 이만 해도 큰 성과라고 했다. 정조는 "그가 설사 마음에 없는 말을 내뱉었다 해도 이미 자신이 믿는 대상을 욕했으니, 그의 십 년 공부는 햇빛에 녹아내린 얼음이 되어 버렸다."고 했다. 정조는 배교자의 아픔을 알았던 것이다.

이날까지 권일신은 아직 마음을 완전히 돌리지는 않았던 모양이다. 천주교의 교주로 지목된 일과 천주교 교리서를 몰래 간행 유포했다는 혐의에 대해서는 신문관에게 만족할 만한 답을 주지 않았다. 그러나 한 번 길이 열리면 그다음은 쭉 달려갈 수 있다. 이삼 일이 지난 다음에는 훨씬 쉽게 신앙을 부정했고 자신이 택한 배교의 길을 다른 사람에게 요구하기까지 했다. 『승정원일기』는 형조의 기록을 통해 그의 심경 변화를 보여 주고 있다. 권일신은 사형에서 제주도 위리안치로, 다시 예산 유배로, 감형에 감형을 받았지만, 그에 따라 그의 내면은 완전히 내려앉고 말았다.

같은 시기 붙잡혀 순교한 윤지충과 권상연은 권일신과 전혀 다른 길을 걸었다. 그들은 혹독한 고문에도 신앙을 굽히지 않았다. 앞에서 인용한 권일신의 공술이 오른 전날 전라도 관찰사 정민시가 보고한 바에 따르면 "형문을 가하여 하나하나 따질 때 피가 흐르고 살이 문드러지는데도 찡그리지도 않고 신음도 없이 말끝마다 '천주의 가르침'이라고 했습니다. 심지어 임금의 명이나 부모의 명은 어길 수 있지만, 천주의 가르침은 비록 사형을 받는다 해도 바꿀 수 없다고 했습니다." 했다. 그들은 굳은 신앙으로 고문에 조금도 굽히지 않았던 것이다.

권일신이 윤지충 등과 다른 길을 간 것이 고문 강도의 차이인지, 인내력의 차이인지, 신앙의 차이인지는 알 수 없다. 어지간히 심지가 굳은 사람이라도 고문의 고통을 이기기란 여간 힘든 일이 아니었다. 이순이의 동생 이경언이 순교할 때 함께 잡혀 온 이백여 명의 사람들 중에 뜻을 굽히지 않은 자가 거의 없었다고 했다. 그냥 회초리로 몽둥이로 때리기만 해도 견디기 힘든데 주리를 틀어 뼈를 꺾고 살점을 떼 내고 뼈를 깎는 고통에 이르면 저 멀리 계신 하느님은 보이지 않는 법이다. 졸지에 의식을 잃어 배교하겠다는 말을 하기도 한다. 평소 육체적 시련과 고통이 적었던 상층 양반의 경우에는 고문의 고통을 더욱 견디기 힘들었다. 더욱이 권일신의 경우에는 반드시 뜻을 꺾어 놓으라는 정조의 지엄한 명령이 있었다. 임금의 명령을 받은 형리들이 수단 방법을 가리지 않고 고통을 극대화할 방법을 찾았을 것이니 굳은 결심을 가지고 있다고 해도 자기 뜻을 지켜 가기가 쉽지 않았을 것이다.

고문을 통한 배교가 정말 그 사람의 마음까지 바꾸었으리라고 보기는 어렵다. 신앙은 신념이고 신념은 사람이 살아가게 하는 힘이다. 자신을 살아가게 하는 힘이 육체적 고통으로 꺾인 상태에서 새로운 길을 찾지 못하면 살아갈 힘만 잃은 것이다. 사람은 몸이 죽어서도 살 수 없지만 영혼이 죽어도 살 수 없다. 설령 배교를 해서 고문을 받지 않고 다시 숨을 쉬게 되었다 해도, 그 육신은 숨 쉬는 껍데기에 불과하다. 산다고 해도 사는 것이 아니다.

배교한 자가 겪는 고통은 신유박해 당시 어떤 배교자가 쓴『자책』이라는 글에 잘 나타나 있다.[7] 배교를 하고 경상도 포항 옆의 홍해로 유배 온 어떤 사람이 쓴 글인데, 흔히 작가를 최해두로 추정하고 있다. 작자는 배교하고 유배 온 자신을 '세상의 복'도 잃고 '하늘의 복'도 잃은 사람이라고 했다. 죄인으로 유배를 왔으니 세상의 복을 잃은 것이고 배교를 했으니 하늘의 복을 잃었다는 것이다. "차라리 천하만복을 다 잃고 천하만고(天下萬苦)에 다 걸릴지라도 우리 지존지선하신 주에게 조금도 죄를 얻지 아니하고, 이후로는 단단히 주의 명을 지키기를 결단하고 정하여, 한결같이 죄에 빠질 끝을 버려 멀리 하리이다."라고 한 「회죄경(悔罪經)」의 뜻을 생각하면 두렵기 그지없다고 했다. 교리에 따라 무슨 고통이 있어도 신앙을 저버리지 않았어야 했는데 그러지 못한 것이 후회가 되며, 앞으로 하늘나라에서 죄를 받을 것을 생각하면 두려움뿐이라고 했다.

전주 전동성당

최초의 순교자 윤지충과 권상연이 죽은 곳에 세워진 성당이다.

옛날 전주성 남문 밖에 위치하고 있다.

권일신이나 최해두가 배교를 말했다고 해서 정말 신앙을 등졌다고 볼 수는 없다. 자기의 신앙을 더 강하게 주장하지 못했을 뿐이다. 때려도 자기 신앙을 말하고 찔러도 자기 신앙을 말하며 꺾고 분지르고 베고 잘라도 자기 신앙을 말해야 하는데 그러지 못했을 뿐이다. 배교로 당장 육신의 고통은 면했지만 그다음부터는 정신적 고통에서 헤어나올 수 없었다. 차라리 그때 죽었으면 하는 생각을 천 번이고 만 번이고 더 하는 것이다. 이런 고통이 있기에 권일신처럼 배교 후 얼마 지나지 않아 죽는 사람이 적지 않았다. 물론 천주교 신자들도 이런 현실을 모르지 않았다. 그럼에도 불구하고 대다수의 사람들은 세상의 복도 잃고 하늘의 복도 잃는 배교의 길을 택했다. 살아서도 고통이요 죽어서도 고통인 것이 배교의 길이었다.

『자책』에는 책 제목 아래에 "스슬쑤지"라고 적어 놓았다. '스스로 꾸짖음'이라는 뜻이다. 자책이라는 말이 다시 풀어야 할 정도로 어려운 말은 아닐 것인데 굳이 이렇게 풀어 놓았다. '자책'이라는 말로는 풀리지 않는 바늘처럼 날카로운 '꾸짖음'의 고통을 나타내기 위해 굳이 풀이를 해 놓은 것 아닌가 한다. 이런 해석에 근거가 있는 것은 아니지만 그런 생각이 들도록 만드는 것이 배교의 고통이다.

이순이는 열세 살에 이미 순교와 배교의 갈림길을 보았다. 순교한 윤지충, 권상연은 한두 다리만 건너면 말을 들을 수 있는 친척이고, 외삼촌의 고통은 직접 목도할 수 있었던 일이다. 굳이 이런 관계를 따지지 않더라도 독실한 천주교 가정에서 1791년에 벌어진 일련의 사태는 결코 남의 일이 아니었다. 이순이의 아버지는 이로부터 2년 후에

이순이 무덤에서 나온 십자가

호남교회사연구소 소장.

이순이 시집 일가의 무덤을 현재의 치명자산으로 이장하는 과정에서
이순이의 무덤에서 발견된 것이다. 십자가 끝에 고리가 있는 것으로 보아
끈을 달아 이순이가 평소 몸에 지니고 다닌 것으로 짐작된다.
그래서인지 예수상 표면이 많이 닳았다. 10cm나 되는 큰 십자가가
그에게 신앙이 얼마나 중요한지 보여 주는 듯하다.

죽었다. 아버지가 사라진 가정에서 곱사등이 오빠 이경도가 가장이 되었다. 이순이는 불신앙의 평탄한 길과 신앙의 가시밭길 사이에서 험한 가시밭길을 택하고 말았다.

순교의 걸림돌

순교는 죽음을 넘어서는 육체의 시험대이며 동시에 신앙을 지켜야 하는 정신의 보루다. 신앙을 지켜 죽고자 하는 마음이 가슴에 꽉 차 있는 사람도 육체의 고통을 이기고 정신을 지키지 못하면 뜻을 이루지 못한다. 이순이도 그 점을 잘 알기에 제대로 죽지 못할까 염려했다. 마지막 순간에 고문의 고통을 이기지 못해 배교할 수도 있고, 고통을 겪으면서 회의가 생겨 배교할 수도 있다. 심지어 본인은 배교하겠다는 생각이 전혀 없는데도 부지불식간에 의식을 잃고 배교할 수도 있다. 조선의 천주교 순교자 중에는 고통 속에 배교를 말해 놓고 의식이 들자 다시 후회하며 천주를 위해 죽겠노라고 말한 사람도 있었다. 이 과정에서 중간에 죽어 버리면 그는 순교자가 아니라 배교자가 되고 만다.

순교에까지 이를 수 있을지는 누구도 알 수 없다. 이순이는 순교를 자신이 바란다고 해서 그냥 이룰 수 있는 것으로 보지 않았다. 하느님이 주셔야 얻을 수 있는 은총이라고 했다. 그래서 자신은 한평생 병이 몸에서 떠난 적이 없을 정도로 나약하지만 하느님이 주신다면 순교할 수 있으리라 믿었다. 이순이가 할 수 있는 일은 그것을 위해 기도하는 것뿐이었다.

어렵게 일신의 고통을 이겨 내더라도 남은 장애가 하나 더 있었다. 가족과 친지이다. 이순이와 함께 죽은 시어머니는 형장으로 가면서까지 자식 걱정을 했다. 이미 죽은 자식이야 어쩔 수 없고, 결혼한 딸은 출가외인이니 거기까지 걱정할 여력은 없지만, 아직 열 살도 못 된 세 자식이 머나먼 섬으로 유배를 가야 하는 현실이 걱정스러웠다. 심지어 두 돌밖에 안 된 막내가 먼 섬 신지도로 유배 가야 하는 상황은 어머니로서 걱정하지 않을 수 없는 일이다. 시어머니 주위에서는 이것으로 마음이 약해져서 배교를 하면 어쩌나 걱정했던 모양이다. 이순이는 시어머니에게 오늘은 주님에게 가는 날이니 육신의 정을 끊으라고 충고했다. 기왕 죽음으로 가는 길이니 신앙이라도 잘 붙잡고 가자는 말이었을 것이다. 이처럼 병든 부모, 어린 자식, 사랑하는 남편과 아내는 자신을 버리고 죽으려는 날까지 마음에서 완전히 떨치기 어려운 장애물이었다.

순교를 영광과 은총으로 생각하는 이순이는 자기 가족, 친지들도 모두 함께 순교하기를 바랐다. 이미 감옥에 붙잡혀 온 오빠와 남편은 물론이고, 바깥에 살고 있는 어머니, 올케 등 친정 식구들도 신앙을 잘 간직하여 영광스럽게 하늘에 올라오기를 바랐다. 오빠야 멀리 서울에 있어서 소식이나 겨우 듣고 있는 상황이었고, 다른 사람들은 아직 감옥에 잡혀 온 상황이 아니니 순교를 논할 상황이 아니었다. 그래서 더욱 신경 쓰이는 쪽이 남편이었다. 남편은 같은 전주 감옥에 잡혀 와서 죽음을 기다리는 상황이어서 그가 과연 영광스러운 순교의 면류관을 쓸 수 있을지 걱정이었다. 이순이에게 유중철은 남편이 아니라 '충우' 곧 충직한 벗이었다. 부부가 아니라 동갑 나이의 벗이었다. 사 년을 함께 지낸 신앙의 벗 유중철이 자신과 함께 순교의 영광을 얻기를 바랐다. 그렇게 할 수 있도록 간구하고 기도했다. 이순이의 눈에 비친 유중철은 '속태를 벗어난 사람', '노성하다고 할 만한 사람', '뜨겁게 사랑하며 기쁨이 넘치는 성실한 사람', '본이 되는 사람'이었다. 남편이 그런 사람인 줄은 알았지만 이것이 이순이의 걱정을 완전히 없애지는 못했다. 이미 서로 동정을 지켜 주기로 약속하고 결혼했음에도 사 년 동안 위장 부부로 지내면서 십여 차례의 위기가 있었다. 죽기 일 년 전 12월에는 거의 무너질 뻔한 상황에 이르기도 했다. 굳은 결심으로 시작해도 오랜 세월 앞에서는 흔들리기도 하고 유혹도 받는 것이 인간이다. 이십 대 초반의 젊은이들이 한 집에서 살았으니 그것이 오히려 당연하다고 할 수 있다.

조선의 초기 천주교회에서 많이 읽힌 『칠극』에는 유중철을 떠올릴 수 있는 인물이 한 명 있다. 요한이 만난 어떤 소년이다. 요한은 마귀를 부릴 수 있는 권능이 있었는데 그런 그조차 떼 내지 못하는 마귀가 있었다. 그런데 어떤 소년이 오자 마귀가 스스로 떨어져 나가 버렸다. 이에 요한이 소년에게 까닭을 물었다. 소년이 대답했다.

저는 아무런 덕도 없습니다. 다만 어릴 때부터 속세를 피하여 숨어 살면서, 마음을 깨끗이 하고, 도를 닦으며 하느님을 섬기겠다고 마음을 먹었습니다. 그런데 이 일은 육신의 즐거움을 끊어 버리지 않고서는 이룰 수 없음을 스스로 알게 되었습니다. 그래서 정욕을 끊고 동정의 몸을 지켜 완전히 하겠다고 맹세하였습니다.

그런데 얼마 뒤에 부모님께서는 저를 억지로 혼인시켰습니다. 이에 저는 결혼 첫날밤에 신부에게 저와 뜻을 같이할 것을 권하여 그렇게 하도록 하였습니다. 그리하여 함께 산 것이 십여 년이나 되었지만 서로를 형제처럼 대하면서 마음속으로는 더러운 생각을 일으키지 않았고, 겉으로도 더러운 행위를 하지 않았으며, 약속을 지켜 왔습니다.

저희는 요사이 서로 떨어져 각자 도를 닦자고 약속하였습니다. 그래서 저는 여기에 왔습니다. 저는 처음 가졌던 뜻에 따라 세상을 버리고 가르침을 찾으려고 합니다.[8]

요한은 소년의 말을 듣고 감탄했다. "부부가 된 젊은이들이 함께 살면서도 마음과 몸을 모두 깨끗이 하였다니, 이는 사나운 불길 위에 있으면서 불타지 않는 것보다 더 어려운 일이다. 그러니 아무리 더러운 마귀라고 하더라도 이런 깨끗한 선비를 만나면 피하지 않을 수 있겠는가?"라고 했다. 이 이야기는 남자가 동정을 유지하는 것, 그것도 결혼을 한 남자가 동정을 유지한다는 것이 얼마나 어려운 일인지 말하면서, 동시에 그것이 얼마나 고결한 가치를 가지는지를 말하는 것이기도 하다. 유중철은 이 이야기를 읽고 크게 감동했는지 모른다. 위의 인용에 나오는 소년은 부인과 동정을 유지하다가 나중에 각자 도를 닦기 위해 헤어졌다고 했다. 이순이 유중철 부부 역시 나중에 '새 세상이 오면 각각 헤어져 살자'고 약속했다고 한다. 『칠극』에 나오는 이 이야기는 마치 이순이 유중철 동정부부의 모델을 보는 듯하다.

이순이와 유중철은 감옥에 잡혀 오기 전에 한날 함께 죽자는 뜻을 내비쳤다. 그런데 당시는 굳게 약속을 한 것은 아니었든지, 이순이는 남편이 감옥에 들어간 다음에 그런 뜻을 다시 전하고자 했다. 그런데 처음에는 인편을 얻지 못했다. 그들 가족에게 대역죄가 씌워진 상황이니 통신이 무척 어려웠던 모양이다. 이순이는 함께 순교하자는 뜻을 전하지 못해 애를 태웠다. 남편이 어떤 사람인지 잘 알지만 그래도 고문의 고통 또한 얼마나 무서운 것인지 잘 알기에 혹 실수하지 않을까 염려했다. 그러다가 이순이는 자신마저 감옥에 갇히는 신세가 되었고 더욱 자기 뜻을 전하기 어렵게 되었다.

이순이의 뜻은 남편이 죽던 날에야 전할 수 있었다. 형제를 한날 죽이기 위해 이순이와 함께 있던 시동생을 사형 집행일에 형님이 있는 감방으로 옮겼는데 시동생 편에 "한날 함께 죽자더라고 형님에게 전하소서." 했다. 시동생이 형님에게 그 말을 전했는지는 알 수 없다. 일각 곧 15분 정도만에 부음이 들렸다고 했으니, 그 말을 차분히 전할 여유는 없었을 것이다. 그러나 이순이의 뜻대로 유중철이 순교했으니 말은 전달된 것과 다를 바 없었다. 교수형을 당한 남편의 몸을 집으로 옮겨 놓고 보니 그의 옷 속에서 편지가 나왔다. 본가에 보낸 편지였다. 본가에는 결혼하고도 시집으로 들어가지 못한 여동생과 노쇠한 할머니 그리고 숙모가 남아 있었다. 유중철은 여동생에게 하늘나라에 가서 다시 만나자는 작별의 인사를 남겼다. 이순이는 이 편지 내용을 듣고 남편이 신앙을 지켜 순교했음을 확실히 알게 되었다.

이순이는 순교의 두 가지 큰 장애물인 육신과 육정(肉情)의 장애를 모두 넘어섰다. 신체와 정신의 장애를 모두 극복한 것이다. 그가 그것을 넘어서는 과정은 결코 순탄치 않았다. 인간 본연의 욕망을 이기며 동정을 지키고, 정신을 잃고 까무러칠 정도의 고통을 주는 고문을 견디며, 또 사랑하는 부모형제와의 이별을 뒤에 두고 바라고 바라던 하늘나라의 소망을 찾았다. 이순이는 모든 외적 억압과 내적 도전을 이겨 내고 당당히 칼 아래에 목을 내밀 수 있었다.

순교의 논리

옥중편지에서 이순이는 줄곧 순교하기만 바랐다. 얼른 죽어 천국으로 가고 싶다고 했다. 이순이의 순교 논리는 지극히 단순하다. 삶이 있는 여기보다 죽음을 넘은 저기가 좋으니 죽고자 한 것이다. 더욱이 죽음 중에도 하느님을 증거하며 죽는 죽음은 자신의 죄를 씻고 영광을 얻을 수 있는 것이니 더 바랄 나위 없는 은총으로 여겼다. 순교가 축복인 셈이다. 그래서 "다른 성인들이야 응당 할 일을 하신 것이겠지만, 감히 우러러나 볼 순교를 이 보잘것없는 생명에게 허락하시면 그런 황송한 일이 어디 있겠어요."라고 말했다. 이런 단순한 논리가 강한 힘을 만든다. 논리는 단순할수록 그것을 지탱하는 힘이 강해진다. 좋은 세상으로 가는 마당에 은총까지 얻을 수 있다면 이기지 못할 고통이 없다. 이 논리를 의심하지 않는다면, 박해는 축복이고 순교는 은총이다.

대역죄인의 며느리로 죽음보다 나을 것이 없는 관청 노비의 삶만 기다리고 있기에 차라리 죽자고 한 것은 아니다. 이순이는 체포되기 전부터 죽음을 생각했다. 그에게 있어서 죽음은 이상적인 곳으로 들어가는 입구였다. 부잣집 며느리가 누릴 풍요로운 삶보다 죽음이 가져올 영원한 안식이 더 가치가 있다고 여겼기에 죽음을 바란 것이다. 그에게 이 세상은 '헛되고 거짓된 곳'이고 또 '꿈같은 곳'이며, 천국은 평안과 기쁨이 넘치는 영원한 고향이다. 무엇보다 자신이 섬기는 하느님이 계신 곳으로 그의 은혜 속에 살 수 있는 곳이다. 이런 생각을 가지고 있으니 얼른 하늘나라로 들어가고자 하는 마음이 들지 않을 수 없다.

얼른 죽고 싶다면 스스로 목숨을 끊는 길이 가장 빠른 방법이다. 그러나 그렇게 할 수는 없다. 하느님은 자신의 피조물이 자신이 준 생명을 함부로 끊는 것을 용납하지 않기 때문이다. 교리가 그렇다. 스스로 목숨을 끊을 수 없다면 교인으로서 가장 영광스러운 죽음은 순교다. 천주의 존재와 예수의 행적을 의심하는 자들에게 자신이 믿는 바를 강력히 주장하면서 하느님을 위해 죽는 죽음이다. 순교자의 그리스어 어원은 증인을 뜻한다. 자신이 믿는 바를 증거하면서 죽는 자가 순교자인 셈이다.

자기가 가장 아끼는 것을 내놓는 것 이상으로 높은 충성과 헌신의 표현이 있을 수 없다. 그만큼 순교는 자기가 믿는 신을 드높이는 일이며 신을 기쁘게 하는 일이다. 자기가 숭앙하는 신을 기쁘게 하는 일이니 당사자로서도 영광이다. 이순이는 순교를 통해 하늘나라의 잔치에 참여하는 영광을 누릴 수 있기를 기대했다. 그런데 이순이는 스스로를 죄인이라 했다. '주님을 배반하고 은혜를 배신한 죄인' 곧 기독교에서 말하는 원죄를 가진 죄인이다. 원죄는 기독교『성경』「창세기」에 등장하는 최초의 인간 아담과 하와가 하느님의 말을 듣지 않고, 먹으면 선과 악을 분별할 수 있게 된다는 열매를 따 먹으면서 얻게 된 죄이다. 하느님의 동산에서 살게 한 은혜를 배신한 것이다. 이로써 이들의 후예인 인간은 태어날 때부터 이미 죄를 지니게 되었다. 그냥 죽게 되면 원죄를 용서받을 길이 없는데 순교를 하면 한순간에 죄명을 모두 벗을 수 있다. 그럼으로써 만복으로 갈 수 있을 것이라고 했다. 순교는 속죄이면서 동시에 영광인 것이다. "지난날 주님을 잃은 것을 슬퍼하시고, 다시 주님을 잃을까 염려하세요. 백만 슬픔을 돌이켜 이왕 잃은 바를 위해 울고, 우리의 죗값을 치르세요." 죄인 이순이는 순교를 통해 죄에서 벗어났다.

이순이의 순교 의지를 가장 잘 보여 준 것은 감옥에서 유배 명령을 받았을 때 이순이가 보인 반응이다. 감옥에 잡혀 온 지 근 한 달이 다 되었고 남편이 교수형을 당한 지 나흘이 지난 시점이었다. 이순이에게 평안도 벽동의 관비로 유배를 가라는 명령은 청천벽력이었다. 최악의 상황이었다. 죽음보다 고문보다 무서운 지옥의 삶을 벌로 받은 것이다. 시골 관청의 종노릇이라는 것은 단순한 하층 생활이 아니다. 물 긷고 밥하는 육체적 노동이야 감내하지 못할 것이 아니다. 그러나 여종으로 주변의 온갖 남성에게 성적 노리개가 될 수밖에 없는 상황은 견디기 힘든 것이다. 정결을 무엇보다 중요하게 여기는 양반 여성, 그것도 아이의 몸을 지키기로 맹세한 동정녀 이순이에게는 죽기보다 힘든 상황이다.

늘 고분고분하고 순종적이던 이순이가 거칠게 사또에게 저항했다. '우리는 천주를 믿는 '사학죄인'이고, 천주를 버릴 뜻이 없으니, 응당 죽여야 할 것인데, 왜 우리를 살리시오. 나라의 녹봉을 받으면 국법을 따라야지 왜 마음대로 우리를 살리시오. 속히 우리를 죽여 주오.' 당시 전라도 관찰사는 김달순이었다. 그는 무척 당혹스러웠을 것이다. 천주교 신자들은 죽기를 두려워하지 않는 이상한 자들이라는 말이야 이미 세상에 널리 퍼져 있으니, 천주교 신자들의 행동을 어느 정도는 짐작했겠지만, 여자들이 죽여 달라고 이처럼 거칠게 저항하리라고는 미처 생각지 못했을 듯하다.

이순이 일행이 박해자에게 죽여 달라고 대들며 자극한 것은 교회법으로는 허락되지 않는 일었다. 달레는 『한국천주교회사』(1-540)에서 교회법은 관리들을 자극하는 것을 허락하지 않는다면서, 전에는 그렇게 한 자에게 엄한 벌을 내리기도 했다고 한다. 유럽의 기독교회에서 그렇게 했던 모양이다. 하지만 달레는 이순이 일행의 열심을 무분별한 것으로 보지 않는다고 했다. 이들 "신입 교우들은 이 지혜로운 규칙을 알지 못하였고, 순박한 그들의 신앙으로 자기들 마음의 충동만을 따랐"다고 했다. 죽여 달라는 청원은 곧 스스로 목숨을 끊는 것과 다를 바 없으니 이런 교회법이 있었겠지만, 목숨보다 정결을 더 소중히 여기는 이순이 일행에게 관비로 유배를 간다는 것은 도저히 감당할 수 없는 일이었을 것이다. 그러니 이런 행동이 나온 것이다.

그러나 유배의 명령은 철회되지 않았고 그들은 각자 유배지로 떠났다. 한글본에는 없지만 프랑스어 번역본에는 이때 이순이의 심경이 그려져 있다. 이순이는 유배지를 향해 가는 자신의 모습을 십자가를 지고 갈보리 언덕을 올라가는 예수와 견주었다. 십자가를 진 고통의 길이 영광의 길이 된 것처럼 자신이 가는 유배의 길도 영광의 길로 이어질 것이라고 믿은 것이다. 길을 나서 한 백 리쯤 갔는데 기쁜 소식을 듣게 되었다. 전주 감옥으로 다시 불러들이라는 명령이었다. 이순이는 그 소식을 전한 포교들이 마치 친정 부모처럼 반가웠다고 했다.

　　감영으로 돌아온 이순이는 다시 신문을 받았고 배교하지 않겠노라는 생각을 분명히 밝혔다. 이에 관찰사가 장계를 올렸고 조정의 답변을 받았다. 그사이 감영에서는 고문을 가하고 다짐을 받고 칼을 씌워 하옥시켰다. 살이 터지고 피가 흐르는 고문을 당하면서도 그는 마치 내 집에 앉아 있는 것처럼 평안했다고 했다. 집에서 언제 붙잡힐까 걱정한 것을 생각하면 집에서보다 더 편안하다고 했다. 죽음보다 견디기 힘든 일을 당할 뻔하다가 죽을 수 있게 되었으니, 기쁨은 말로 다 표현할 수 없었다. 이순이는 하느님의 은총 때문인지 금세 고문의 고통도 그쳤고, 상처도 얼마 지나지 않아 아물었다고 했다. 이후 사형 판결이 떨어지기만 기다렸다.

　　그런데 전라도 감영에서 올린 보고서에 대해 조정의 회신이 오지 않았다. 스무 날이 지나도 회신은 없고 오히려 풍문으로 살 가능성이 있다는 말까지 들렸다. 감옥에 갇힌 사형 죄인이 살아날 수도 있다

전주 치명자산 기념성당의 강단
산 중턱에 있는 이순이 무덤 아래에 동굴을 파서 만든 성당이다.

는 소문을 들으면 기대와 기쁨이 가득 차지 않을까 싶지만 이순이는 그렇지 않았다. 소문이 그냥 석방을 말하는 것인지, 아니면 또 다른 유배형을 뜻하는 것인지 알 수 없지만, 여러 정황으로 보아 설사 풀려난다고 해도 그냥 순탄히 살 수 없다는 것은 분명했다. 이순이는 다시 걱정했다. 얼른 죽지 못할까 염려했다.

죽는 날까지 죽지 못할까 염려하며 죽음을 기다린 이순이에게 마침내 죽음의 날이 왔다. 명가의 후손으로 부잣집 맏며느리로 세상을 버리고 죽음을 택한 것을 세상 사람들은 이해하지 못할 것이다. 그것도 오래 기다렸다는 듯이 기쁨으로 죽음을 맞는 것은 더욱 이해하지 못할 것이다. 하지만 이순이의 생각으로 보면 죽음, 그것도 순교는 무한한 기쁨일 수밖에 없었다. 잘린 그의 목에서 흰 피가 솟구쳤다는 것도 그런 영광과 기쁨의 표현으로 이해된다.

박해를 넘어서

진보적 사상

대박해에도 불구하고 조선 천주교의 불씨는 꺼지지 않았다. 박해 속에 불씨를 감추고 있다가 1886년 조선과 프랑스가 수교한 다음 서서히 신앙의 불을 피워 올렸다. 포교의 자유, 신앙의 자유가 넓어지면서 대한제국기와 일제강점기에 이르러서는 불이 활활 타올랐다. 한국문화에 정통한 캐나다 출신 개신교 선교사인 제임스 게일은 이웃

나라 중국과 일본에 비해 유독 한국만 기독교 선교가 잘 되는 이유를 한글과 유일신 개념에서 찾았다. 배우기 쉬운 문자인 한글은 교리를 쉽게 널리 퍼뜨릴 수 있게 했고, 조선 사람들이 전부터 가지고 있던 유일신 개념은 기독교의 유일신인 여호와를 쉽게 받아들일 수 있게 했다고 보았다.[9] 여러 신들을 부르는 이름인 일본의 '카미[神]'나 여러 신들 가운데 최고의 지위에 있는 신인 중국의 '상제(上帝)'와 구별되는, 오로지 한 분만 존재한다는 뜻의 '하ᄂ님'이라는 개념을 조선 사람들은 일찍부터 가지고 있었다고 했다.[10] 게일은 조선 사람들의 '하ᄂ님'에 대한 관념의 시원을 단군에서 찾았다.[11]

조선 사람에게 일찍이 유일신의 개념이 있었는지는 논란의 여지가 있다. 게일 당시의 선교사들도 의견이 같지 않았을 뿐만 아니라, 19세기 중반 조선에 들어와 포교 활동을 벌인 프랑스 선교사들도 마찬가지였다. 프티니콜라 신부 같은 사람은 조선인을 무신론자라고 보았다. 이 프랑스 신부의 눈에 조선에는 종교다운 종교가 보이지 않았다. 조선 사람들은 미신이나 비밀스러운 술법 정도를 믿을 뿐 진정으로 종교라고 할 만한 것은 가지고 있지 못하다고 했다. 그런 점에서 조선은 천주교를 포교하기 좋은 조건이라고 했다. 인도처럼 고도의 형이상학적 체계와 윤리 규범을 갖춘 종교가 있다면 그것이 포교를 방해할 텐데 조선은 그렇지 않다는 것이다. 이에 반해 다블뤼 주교는 기우제 등의 의식이나 '상제'나 '하늘'이라는 말의 용법을 볼 때 조선 사람들에게 지고한 존재에 대한 관념이 있다고 보았다. 게일이 말한 '하나님'과 상통하는 유일신과 비슷한 관념이 있다는 말이다. 게일의 견해를 따르든 다블뤼의 견해를 따르든, 적어도 중국이나 일본에 비할 때, 상대적으로 조선인은 절대 이념과 가치에 대한 숭앙이 높았다고 말할 수 있다.[12] 조선은 상대적으로 기독교를 받아들이기 유리한 관념적 토대가 있었다는 것이다.

새로운 신념 체계가 으레 그렇듯 처음에는 기존 체계에 의지하고 보완하는 듯 하다가 결국 기존의 것을 대체하는 방향으로 나아간다. 종전의 '하나님'의 관념, 유교적 절대주의의 관념을 보완하는 것에서 시작한 천주교가 서서히 그것을 대체하는 방향으로 나아간 것이다. 더욱이 천주교는 교리상 그 자체가 최고의 지위에 올라야 하는 신앙이니, 대체는 불가피한 선택이다. 이렇게 보완에서 대체로 나아가는 과정에는 종전의 체계에 대한 비판이 동반되기 마련이며, 이는 논쟁을 불러일으킬 수밖에 없다. 마테오 리치의 『천주실의』나 정약종의 『주교요지』가 강한 논쟁적 성격을 보여 주는 것도 근본적으로 이런 까닭이 있다. 통상 비판자는 비판당하는 자보다 사리나 사실에 있어서 더 엄격한 모습을 보인다. 이것이 많은 사람들을 매혹한다. 소외층이나 비판적 지식인이 새로운 사상에 쉽게 빠지는 것도 여기에 한 이유가 있다.

신유박해를 거의 일단락 지은 다음 전국에 반포한 토역반교문(『순조실록』 1801년 12월 22일)에서 조선 정부는 천주교도의 성분을 이렇게 요약했다. "폐족, 서얼 등 뜻을 잃고 국가를 원망하는 무리를 규합하여, 잘나가는 세력에 붙어 무리를 키우고, 시정(市井)의 거간꾼과 농사꾼, 여자까지 불러 모았다." 하층민들이야 두말할 것도 없는 소외 집

박해와 순교

단이니 현실 모순을 누구보다 깊이 인식하겠지만 양반 중에도 그런 사람들이 있었다. 폐족과 서얼이다. 양반의 서얼이야 이미 양반 축에 끼지도 못하지만 폐족은 그래도 한때는 양반이었다. 이런 자들에게 기존의 이념과 현실의 모순을 비판하면서 등장한 신흥 사상은 매력적일 수밖에 없다. 이들이 일부 비판적 지식인들과 무리를 이루었다. 자신은 비록 기성의 정치권력 속에 편입되어 있지만 기득권을 가진 핵심 세력과는 어느 정도 비판적 거리를 두고 있는 지식인들이다. 대표적 인물로 정약용을 들 수 있다. 천주교에는 하느님 아래의 모든 사람이 같다는 평등 관념이 있다. 소외층과 비판적인 지식인이 천주교에 매혹될 수밖에 없는 이유를 짐작할 수 있다. 천주교는 새로운 교리일 뿐만 아니라 진보적 사상이었다.

유교에도 대동이니 뭐니 공동체 구성원의 평등을 강조하는 경우가 있지만 현실은 그렇지 못했다. 철저한 세습적 신분 사회에서 구성원들은 자존감을 가지기 어려웠다. 반면 천주교는 상대적으로 인간의 근본적 평등성을 투철히 인식하고 신앙공동체 내에서 나름 철저히 실천했다. 중인 출신의 최창현이 양반들을 물리치고 총회장이 되었다는 것은 종전의 신분 질서에서는 상상하기 어려운 일이었다. 또 알렉시오 황이라는 백정은 천주교 공동체 내에서 양반과 한 방에 머무르기도 했는데, 이런 것은 교회 밖에서는 상상조차 할 수 없는 일이었다. 알렉시오는 자신이 인간으로 대접받는 것에 크게 감격해서, 자신에게는 두 개의 천국이 있다고 했다. 하나는 천주교 신자들과 함께하는 '살아 있는 천국'이요 다른 하나는 죽어서 갈 '내세의 천국'이다.

조선 사람들은 천주교도들이 친척이 아닌 사람에게까지 친절을 베푸는 것을 보고 놀랐다. 목만중은 1801년 2월 18일에 올린 상소(『승정원일기』)에서 천주교 신자들은 "비록 부자 형제라 해도 천주교에 들지 않으면 원수가 되고, 동서남북을 떠도는 모르는 사람이라도 일단 천주교에 들어오면 골육처럼 여긴다."고 했다. 공동체 구성원이 신분이나 정치적 지향을 넘어서서 평등 의식을 기반으로 하여 강한 유대감을 지닌 것은 일찍이 볼 수 없던 일이었다. 이순이도 남편 유중철과 생시에 빈민을 구제하려는 계획을 세운 바 있다. 아버지가 가업을 물려주는 날이 오면 재산을 삼사 등분 하여 한 몫은 가난한 이웃을 돕는 데 쓰고 다른 한 몫은 크게 하여 막내 동생에게 주어 부모님을 봉양하게 하자고 했다. 물론 다른 한 몫은 자기네들이 살 기반으로 삼고자 했을 것이다. 형이 아우에게 유산의 대부분을 준다는 것도 생각하기 어려운 일이지만, 보통 사람도 아니고 부잣집에서 자기 재산을 크게 한 덩어리를 떼 이웃을 위해 쓰겠다는 생각 역시 일찍이 한반도에서 볼 수 없던 일이었다. 부자가 기근이 닥쳤을 때 이웃을 구제하기 위해 곡식을 내놓은 일은 있어도, 아예 재산의 상당 부분을 내놓겠다는 것은 전에 없던 발상이다. 물론 실제로 행하지는 못했지만 발상만으로도 특별한 의미가 있다고 할 수 있다. 신유박해 후에 천주교 신자들은 자신도 굶주리면서 과부와 고아를 받아들이고 자기가 가진 것을 나누었다고 한다. 이런 진보적 이상의 단물을 맛본 자들이 다시 옛날의 사상과 관습으로 돌아가기는 어려웠을 것이다.

　　전래의 절대주의 관념에 의지하여 수용된 천주교 신앙은 종전의 신념 체계를 조금씩 비판하면서 조선 사회에 뿌리를 내려 나갔다. 평등에 기초한 진보적 사상은 소외 계층과 비판적 지식인을 끌어들였고, 천주교 신앙의 새로운 세계를 경험한 사람들은 혹독한 박해에도 불구하고 자신이 지닌 신앙의 끈을 놓지 못했다. 그것이 박해를 이기고 기독교가 널리 퍼진 근본 동력일 것이다.

대를 이은 순교

조선의 천주교가 박해를 이겨 낸 근본 동력을 일차적으로는 교리 내부에서 찾을 수 있겠지만, 조선 사회의 특징 또는 성격도 적지 않게 작용한 것으로 생각된다. 바로 가족주의와 혈연의식이다. 천주교 신자들이 대를 이어 순교하면서도 신앙의 끈을 놓지 않은 까닭을 혈연의식에서도 찾을 수 있다는 말이다.

정약용이 쓴 오석충의 묘지명 맨 앞에 나오는 일화를 통해 이 점에 대해 좀 더 구체적으로 살펴보자. 오석충은 이순이 올케의 친정 어른이다. 천주교와 연루되어 임자도로 유배 가서 죽었으나 천주교를 깊이 믿었던 것 같지는 않다. 다만 당색이 남인이다 보니 자연 천주교도와 가까이 지내게 되었고 그 바람에 죽은 것으로 보인다. 오석충의 일화 역시 천주교와 연관된 것은 아니지만, '나라의 죄인'으로 몰린 천주교도가 어떻게 후대에 계속 이어졌는지를 이해하는 데 있어서는 참고할 점이 있다.

1795년 어느 날 정약용은 숙종 때 좌의정을 지낸 민희의 자손을 만나고 있었다. 그런데 마침 오석충이 허복을 데리고 나타났다. 민희의 자손은 이 둘과 아는 사이가 아니었다. 그런데 정약용이 보니 공교롭게도 세 명은 모두 숙종 때 함께 정승을 지낸 사람의 후손이었다. 그래서 그 인연을 가지고 소개했다. 오석충은 우의정 오시수의 증손자이고, 허복은 영의정 허적의 5세손이다. 정약용이 말했다. "기이한 일이군요. 옛날 숙종 때 허공이 영의정이 되고 민공이 좌의정이 되고 오공이 우의정이 되었는데, 지금 세 분의 자손이 한자리에 모였으니 참으로 희한합니다. 어찌 서로 인사하지 않겠습니까?" 그러자 나이가 제일 많은 민희의 자손이 왼손으로 허복의 손을 잡고 오른손으로 오석충의 손을 잡으며 크게 목 놓아 울었다. 그러고는 술을 사 오라 하여 마시며 즐겁게 놀았다. 정약용은 좌중의 분위기가 구슬프기 그지없었다면서 당쟁으로 출셋길이 막힌 명문가 후손의 영락이 이런 분위기를 만들었다고 했다.

이날 만난 세 사람에게 증조, 현조 때의 일은 옛날 일이 아니었다. 이들의 선조들은 1674년 이른바 갑인예송(甲寅禮訟)에서 승리하여 정권을 잡았으나, 1680년 영의정 허적의 아들 허견이 역모를 꾸몄다는 말이 나오면서 실각하고 말았다. 권력은 서인에게 넘어갔고, 졸지에 이들 남인들은 권력을 잃고 역적이 되었다. 허복은 역적으로 몰린 허적의 아들 허견의 신원을 위해, 그리고 오시수는 역적으로 몰려 죽은 증조부의 신원을 위해 정조 임금에게 탄원을 올렸다. 역적의 혐의는 비단 그 조상에게만 문제되는 일이 아니었다. 그 후손에게도 생존이 걸린 일이었다.

실제로 그들 선조가 입은 혐의는 억울할 수도 있다. 오석충의 증조 오시수는 '임금은 약하고 신하가 강하다(主弱臣强)'는 말을 했다고 하여 역적으로 몰렸다. 1675년 오시수는 청나라 칙사를 맞이하는 관원으로서 청나라 통역관에게 이런 말을 들었다면서 그 말을 임금에게 전했다. 그런데 이 말은 사실 여부를 떠나서 임금의 권세를 무시하는 발언이 될 수 있었고, 동시에 집권 세력의 전횡을 견제하는 말로도 해석될 수 있었다. 당시 숙종은 막 왕위를 이어받은 열다섯 살의 어린 임금이었고, 송시열 등 노대신에게 의지할 수밖에 없는 상황이었다. 말하자면 이 말은 어린 임금을 비웃는 말이 될 수도 있고, 동시에 송시열 등 서인 대신을 공격하는 말일 수도 있었다. 정말 청나라 사신이 그런 말을 했다고 해도 죄를 얻을 수 있는데, 문제는 청나라 사신이 그런 말을 했는지 의심스러웠다. 그런 말이 없었는데 그런 말을 꾸몄다면 감히 임금에게 도전한 대역부도가 될 것이다. 오시수는 허적과 민희를 모두 끌어들이면서 함께 들었노라고 했지만, 숙종이 청나라 통역관을 직접 조사하도록 하여 확인해 보니 그런 말이 없었다는 결론에 이르렀다. 이리하여 1681년 오시수는 역적으로 몰려 사사되고 말았다.

그러나 오시수의 후손들은 자신이 역적의 후손이라는 것을 받아들일 수 없었다. 집안에 전하는 말을 통해 그런 말이 실제로 있었음을 확신했다. 이에 오시수의 아들 오상유가 1689년에, 손자 오성운이 1743년에 각각 격쟁을 하고 격고를 하여 아버지와 할아버지의 억울함을 임금께 알렸다. 그리고 이어서 1783년에는 증손자인 오석충이 격쟁을 해서 오시수의 관작을 회복시켰다. 이들은 오시수가 분명히 그런 말을 들었다고 했고, 오성운부터는 아예 중국 쪽 증거까지 확보했다.

중국 쪽의 외교 문서와 문집 기록에 그 말이 있다고 하면서 구체적인 증거를 토대로 신원을 요구했다.

　　오시수는 죄를 얻고 죽은 지 백 년도 더 지나서 증손자 오석충에 의해 신원되었지만, 이는 바로 반대편의 잘못을 잡아낸 셈이었다. 오시수가 결백하다면 오시수를 죽음에 이르게 한 사람들이 잘못을 저지른 것이 된다. 그러니 반대편에서 가만히 있을 리 없다. 주로 노론이 된 반대 측 후손들은 중국 쪽 기록은 조선에서 흘러간 소문을 적은 것에 불과하다고 했다. 그러면서 오시수의 신원이 불가함을 주장했다. 이렇게 사태가 번져 가니 오석충은 노론의 적이 될 수밖에 없었다.

　　오석충의 예를 보면 역적으로 몰린 천주교 신자의 후손이 어떻게 살아갈지도 짐작이 된다. 역적의 후손은 몇 대가 흘러도 역적의 후손이다. 그래서 자기 목숨을 걸고 선조의 신원을 주장한다. 이는 오석충만의 일이 아니다. 『조선왕조실록』을 보면 조상의 신원이나 추숭에 평생을 거는 사람을 수도 없이 만나 볼 수 있다. 그것이 조선의 실정이다. '사학죄인'의 후손도 마찬가지다. 몇 대가 흘러도 죄인의 후손이니, 세상에서 완전히 몸을 숨기지 못하는 바에는 틈만 나면 선조가 한 언행의 정당성을 주장하지 않을 수 없다. 선조가 잘못이 있으면 자신도 그 잘못에서 자유로울 수 없는 사회에서, 더욱이 선조가 걸어간 길이 잘못이라고 생각하지 않는다면, 후손은 조상이 걸어간 길을 따를 수밖에 없다. 이런 혈연의식의 표출이 조선의 천주교회가 장시간의 가혹한 박해를 이긴 또 다른 요인이라고 할 수 있다.

　　아버지를 따라 아들이 순교하고 아들을 따라 손자가 순교했다.

이순이의 외삼촌인 권철신 집안의 경우, 할아버지, 아들, 손자는 물론, 손자의 아들과 그 손자까지, 옥사, 참수, 수난사 등 천주교 박해로 죽었다. 이승훈 집안, 정약종 집안, 홍낙민 집안 등 초기 천주교회의 지도자인 다른 남인 양반 명문가 역시 마찬가지였다.[13] 죽음이 두렵지 않느냐는 신문관의 물음에 이순이의 막내 동생 이경언은 '물론 그렇다'고 대답했다. 신문관의 눈에 천주교도들은 죽음도 두려워하지 않는 이상한 놈들이었다. 이경언은 자기들도 다른 사람과 같이 죽음이 두렵지 않은 것은 아니지만 그렇다고 천주를 버릴 수는 없다고 했다. 박해가 닥치고 감옥에 갇히며 고문이 시작되면 대부분의 신도들이 신앙을 버렸다. 그러나 감옥을 나오면 적지 않은 사람들이 다시 신앙을 회복했다. 물론 신앙을 유지한 것은 근본적으로는 신앙 때문이겠지만 그것마저 버리면 아무런 존재도 되지 못하고 그냥 역적의 후손이 되고 마는 현실 또한 작용했으리라 본다.

오석충의 경우에서 볼 수 있듯 어지간한 '역적'들은 거의 후대로 오면 혐의를 풀어준다. 창과 칼을 들고 일어선 역적의 집안이야 이미 멸문되었을 것이고 설령 누가 살아남았다고 해도 감히 신원을 주장할 수 없는 처지이겠지만, 그렇지 않은 '애매한 역적'이야 국가에서도 계속 그 집안, 그 집단을 적으로 둘 수 없다. 역적으로 만들 당시의 가해 측 후손의 반대를 무릅쓰고라도 신원을 시키지 않을 수 없는 것이다. 국민의 통합을 꾀해야 하는 통치자로서는 응당 해야 할 일이다. 그런데 이런 관용이 천주교도에게는 적용되지 않았다. 조선의 천주교도는 한 번도 창과 칼을 들고 봉기한 적이 없었지만, 그들에게는 임금

의 관용이 베풀어지지 않았다. 여기에는 천주교도들의 행태도 작용했
으니, 그들은 계속 강한 결사체를 형성하고 있었고 자신의 생각을 일
절 굽히지 않았던 것이다. 이 때문에 조선 정부는 서양 세력에 압도되
기 전까지는 천주교도의 역모 혐의를 도저히 풀 수 없었다.

박해와 순교

한중일 천주교 수용사의 비교

동아시아 천주교의 수용 과정은 새 종교의 정착 과정이자 동시에 외래문화의 이식 과정이다. 한국, 중국, 일본은 오랜 문화 교류를 통해 문화적 유사성을 키워 왔지만, 천주교 수용 과정은 사뭇 다르다. 그 양상을 비교해 보면 세 나라의 문화적 특징을 엿볼 수 있다.

기독교는 당나라 때 이미 중국에 들어왔다. 기독교의 한 일파인 네스토리우스교가 들어온 것이다. 흔히 경교(景敎)라고 불린 이 기독교 일파는 한국과 일본에도 영향을 준 것으로 알려져 있다. 그러나 이때의 기독교는 후대로 이어지지 못했고, 16세기 예수회가 포교하기까지 기다려야 했다.

동아시아에서 맨 먼저 천주교를 만난 나라는 일본이다. 스페인 출신의 예수회 신부인 하비에르가 1549년 일본 규슈에 상륙했다. 16세기는 대항해시대였다. 포르투갈과 스페인이 선두에 서서 아메리카로 아시아로 세력을 넓혀 나갔다. 국왕의 명령을 받아 군사적 점령으로 식민지를 넓히기도 했고, 상단을 이끌고 무역 활동을 벌이면서 천주교를 포교하기도 했다. 한편으로는 수백만, 아니 그보다 훨씬 많은 숫자의 아메리카 원주민을 죽이면서, 다른 한편으로는 선교를 통해 그들의 영혼까지 '정복'하려고 했다. 이 과정에 동아시아의 선교가 놓여 있었다.

일본도 처음에는 천주교에 대해 호의적이었다. 당시 한창 내전을 치르던 각 지역의 영주들은 서양의 뛰어난 무기 기술에 관심을 가졌다. 설사 천주교가 마음에 들지 않아도 서양 기술은 배울 점이 많으니 정권에 위협이 되지 않는 한 그대로 놓아두었던 것이다. 기술은 서양의 것을 받아들여도 정신은 일본 것으로 한다는 이른바 화혼양재(和魂洋才)의 생각이 일찍부터 저변에 있었다. 그런데 천주교가 지나치게 커지고 또 천주교의 배후에 위협적인 서양 열강이 있음이 확인되자 박해를 가하기 시작했다. 박해는 체계적이고 조직적이며 동시에 전국적이었다. 일본 열도에 천주교가 일절 발을 붙이지 못하게 했다. 외국과의 교섭을 철저히 통제하며 안방을 단속했다. 나가사키의 데지마(出島)라는 작은 인공 섬을 제외하고는 일절 서양인이 일본에 발을 붙이지 못하게 했다. 그렇지만 철저히 천주교를 단속하면서도 화혼양재의 이념은 놓지 않았다. 아라이 하쿠세키가 18세기 초 일본에 상륙한 이탈리아 신부 시도치를 신문하여 서양의 정황과 기술에 대해 들으며 서양학의 길을 연 것도 화혼양재의 이념 연장선상에 있는 것이라고 할 수 있다.

중국 역시 초반에는 일본과 별반 다르지 않았다. 천문 역법 등 서양의 앞선 기술에 끌렸다. 1582년 마카오에 도착한 중국 최초의 천주교 신부인 마테오 리치는 천문학에 정통했다. 1601년 그는 자명종을 보고 싶어 하는 만력제를 만났고 베이징에 거주할 수 있는 허가를 받았다. 천주교가 중국 임금의 보호 아래에 놓인 것이다. 그런데 천주교가 급격히 교세를 확장해 나가자 곧 중국 전통과 충돌했다. 이 와중에 이른바 전례 논쟁이 발생했다. 중국의 조상 숭배 등 전통에 대해 천주교가 그것을 미신으로 간주하고 금지한 것이다. 중국의 전통을 부정하는 천주교에 대해 중국 임금은 포교 금지령을 내렸다. 금령은 18세기 초 강희제 말년부터 발표되었는데, 금령을 따르지 않는 선교사들은 중국에서 쫓겨 나갔다.

중국의 천주교 금령은 일본만큼 철저히 집행되지는 않았다. 중국 임금들은 여전히 서양 선교사들이 자기 주변에서 여러 가지 실무를 처리해 주기를 바랐다. 천문 역법을 맡은 흠천관 관원으로, 또 카스틸리오네처럼 그림을 담당한 화원으로, 자기 주변에서 신하로 일하기를 원했던 것이다. 백성들의 입교는 엄격히 금하면서도 궁중에 있는 서양 선교사들은 우대했다. 따라서 박해도 일본처럼 조직적이고 체계적이지 않았고, 반대로 국지적이고 우발적으로 이루어졌다. 박해가 지방 정부나 지방의 천주교 반대 세력에 의해 행해지는 일이 많았다. 중앙 정부에 의해 주도되지 않았다 해도 중국은 워낙 큰 나라라서 박해의 규모가 작지 않다. 박해로 죽은 천주교 신자를 삼만 정도로 추산하고 있다.

일본과 중국에 반해 조선은 처음부터 천주교를 받아들이려 하지 않았다. 임진왜란 때 일본군을 따라온 천주교 신부와의 접촉이나 일본으로 포로로 끌려가서 신자가 된 것은 논외로 하더라도, 중국에 서양 신부가 왔을 때부터 천주교의 존재에 대해서는 알았다. 특히 인조의 아들인 소현 세자는 청나라에 볼모로 끌려가서 서양 신부 아담 샬을 만나기까지 했다. 그런데 소현 세자는 귀국한 지 두 달 만에 죽고 말았다. 이후 중국에서 천주교 서적이나 서양의 기술 서적은 수입되어 읽혔지만, 그것에 대한 정부 차원의 조사나 연구는 없었다. 천주교와의 만남은 자연스럽게 한 세기 이상 미루어졌다.

조선에서는 유교를 빼고 나면, 꼭 필요한 것도 없었고 꼭 해야 할 것도 없었다. 중국에서 아는 것 이상으로 알 수도 없었고 그래야 한다는 생각도 없었다. 그런데 강렬한 지적 욕구를 가진 지식인들이 개인적으로 책을 돌려 읽다가 천주교에 빠져들었다. 마침내 자생적으로 천주교 신자가 탄생한 것이다. 처음에 공부 차원에서 시작했던 일이 서서히 신앙의 차원으로 옮겨 갔다. 신앙이 깊어지니 지도자가 필요했고 마침내 중국의 천주교회에 신부의 파송을 요청했다. 최초의 신부인 주문모가 한반도에 들어올 때 이미 천주교는 불법이었다. 이미 천주교가 유교 이념을 부정한 일이 있었기에 더 알아볼 것도 없었다. 조선은 천주교를 본격적으로 알려고 하기도 전에 부정부터 했다. 서양의 기술은 중국을 통해 받아들이면 그만이었다. 이처럼 지배층의 생각이 확고하니 천주교에 대한 탄압도 일본처럼 정부 차원에서 이루어졌다. 다만 무사가 아니라 문사에 의해 통치되는 나라여서 그런지 일본만큼 철저하고 혹독하지는 않았다. 일본처럼 예수나 성모의 형상을 밟도록 하여 신자를 색출해 내는 그런 양심까지 검색하는 방법은 사용하지 않았고 대개 드러난 신자들만 처벌했다.

　　요약하면, 일본은 수용과 박해 모두 정부 차원에서 적극적이고 체계적으로 했고, 중국은 수용도 박해도 가려서 했다. 조선은 정부 차원에서 수용하지는 않았지만 박해는 정부 차원에서 적극적으로 나섰다. 천주교가 어떤 종교인지 본격적으로 조사하지도 않고 천주교를 사학 곧 나쁜 학문으로 규정하여 배척하고 탄압했다.

니체는 "순교자는 진리에 해를 입혔다."고 했다. "자기가 참이라고 간주하는 것을 세상에 대놓고 말해 대는 순교자의 어조에는 저급한 지적 성실성과 진리 문제에 대한 둔감함이 이미 표현되고 있다."고도 했다. 니체는 순교자를 이성적인 사유를 못하는 맹목적인 인간으로 보았다. 니체는 또 누군가를 죽음에 이르게 하는 것이라면 무엇인지 몰라도 중요한 것 아니겠는가 하는 추론은 백치들이 하는 것이라고도 했다. 순교에 대한 맹목적인 숭앙 역시 순교와 다를 바 없다는 것이다. 교회가 그것을 이용하여 자기 위상을 높이려고 든다고도 여겼다.[1]

니체의 말은 순교의 일면을 정확히 지적한 것이다. 순교자의 신앙은 이성적 판단 저 너머에 있다. 니체는 죽기 이 년 전에 위의 말들을 남겼다. 이성적 사유를 철저히 밀고 나가다가 극단에 이르러 급기야 본인의 정신세계에 위험 신호가 나타나던 때였다. 그렇게 철저히 이성적 사유를 몰아간 니체에게 순교자의 맹목적 신앙은 진리에 해를 입히는 것으로밖에 보이지 않았다. 더욱이 맹목과 절대복종의 순교 정신은 박해기에는 희생으로 나타나지만 교회가 권력을 얻게 되면 공격적으로 바뀔 수도 있다. 자살 폭탄은 그 작은 권력이 나타난 결과이고, 십자군 원정은 그것이 크게 집단화한 경우이다.

이순이의 순교를 섣불리 배타적 공격성과 연결시킬 수는 없겠지만, 순교를 숭고하게만 바라보지 않는 사람들이 있음을 인정할 필요가 있다. 순교자는 보기에 따라서 숭고한 희생자일 수도 있지만, 박해자의 눈에는 반역자로 보일 것이다. 그리고 니체처럼 바보로 여길 수도 있다. 이순이 역시 순교자일 수도, 반역자일 수도, 바보일 수도 있다. 이 책은 이순이를 어떤 사람으로 보느냐 판단하고 평가하는 데 초점이 맞추어져 있지 않다. 그것보다는 이순이라는 인물의 형상과 그의 죽음이 가지는 의미를 분석하고자 한 것이다. 한 인간으로서의 이순이, 한 조선인으로서의 이순이에 대해 분석한 것이다.

천주교라는 새로운 종교와 사상의 세례를 받은 이순이는 이전의 한반도에서는 볼 수 없었던 새로운 인간이었다. 새로운 인간형이 출현했다. 당연히 그가 쓴 글도 종전 한반도에서는 볼 수 없는 것이었다. 이순이는 세상을 헌신짝처럼 보았다. 누구나 결국에는 버릴 수밖에 없는 것이지만 죽을 때까지 연연하며 버리지 못하는 것이 삶이다. 그런 것을 이순이는 십 대 어린 나이에 버리려고 결심했다. 물론 그 전에도 세상을 버리고 은둔한 사람들이 없지 않았다. 세상에 실망해서 은둔한 학자도 있고 세상은 원래 허망한 것이라서 버린 스님도 있었다. 하지만 이순이는 그런 은둔자와는 달랐다. 마음속으로는 세상을 버렸지만 현실을 부정하지는 않았다. 오히려 누구보다 세상을 잘 살려고 노력했다. 누구보다 성실한 삶을 살았다. 이순이에게 이 세상은 저세상으로 잘 가기 위한 시험장에 불과했다. 저세상으로 잘 가려면 이세상의 시험을 잘 통과해야 하기에 누구보다 성실히 살았고 세상에 크게 이바지하고 잘 죽기를 바랐다. 이순이가 동정을 지키기로 결심한 것도 바로 그런 이유 때문이다. 또 막대한 유산의 상당 부분을 가난한 사람을 위해 쓰겠다고 결심한 것도 그런 생각의 연장선상에 있는 것이다. 인간의 자연스러운 성욕과 재물욕마저도 극복하면서 세상을 더 잘 살다 죽기를 바란 것이다. 이런 자기 극복의 종점에 있는 것이 순교였다.

옛날에도 충효의 덕목을 위해 육체적 고통을 기꺼이 감내한 충신과 효자가 있었지만, 이순이처럼 고통과 고난 속에서도 끊임없이 기뻐하고 감사한 인간은 없었다. 모든 일이 영광이고 은총이고 기쁨이고 감사인 사람은 없었다. 니체의 눈에 바보로 보일 정도로 이순이와 같은 순교자의 목표 의식은 뚜렷하고 강렬했다. 이처럼 강한 의지는 한국 역사에서 일찍이 찾아보기 힘든 것이었다.

1811년 조선의 천주교 신자들은 와해 위기에 몰린 조선 교회의 사정을 수만 리 바다 너머의 교황에게 알렸다. 그 편지에서 조선 신자들은 "선교사가 전한 것이 아니라 글을 읽어 도를 찾은 것은 우리 조선밖에 없습니다.(不由司鐸傳敎 只憑文書訪道 唯有我東國)"라고 말했다. 조선 교회는 스스로 새로운 종교, 가치, 신념을 찾아갔다. 조선 사람들은 그만큼 이상에 대한 기대가 높았다. 이순이는 조선인의 이상주의와 그 실천의 극단을 보여 주는 인물이다.

파리외방전교회 성당에 걸린 그림

선교사의 출발

이순이의 순교로부터 육십여 년이 지났다. 조선 초유의 대규모 박해였던 신유박해 이후 천주교도는 '나라의 죄인'이 되어 숨어 살았다. 이순이가 죽고 26년이 지나 역시 순교한 동생 이경언은 옥중 수기에서 신문관에게 자기 신세를 이렇게 말했다. "저는 본래 화를 입은 집안에서 겨우 살아남은 목숨입니다. 친척과 친구가 다 버리고 양반은 물론 심지어 평민들까지도 다 침을 뱉으니, 사람을 사귀기는커녕 절교한 것처럼 지내니, 어찌 무리를 만들 수 있겠습니까." 그러나 박해가 신앙의 뿌리를 뽑지는 못했다. 박해의 폭풍이 불면 몸을 낮추어 바람이 지나기를 기다리다가 상황이 약간 호전되면 교세를 넓혀 나갔다. 그러다 역사상 가장 혹독한 박해인 1866년의 병인박해를 만났다. 여기에서는 천주교 박해의 말기적 국면이라고 할 병인박해를 한 장의 그림을 통해 살펴보기로 한다.

그림은 프랑스 파리에 있는 파리외방전교회 본부 성당에 걸려

「출발」

쿠베르탱 작. 파리외방전교회 성당 소장.

있는 것이다. 작가는 쿠베르탱(Charles Louis de Fredy de Coubertin, 1822~1908)이고 제목은 「출발(The Departure)」이다. 1868년의 작품이다. 파리외방전교회 소속 신부가 선교지로 나갈 때의 송별식 장면을 그린 것이다. 파리외방전교회는 인도 및 동아시아 지역에 가톨릭 신앙을 포교할 목적으로 1658년 설립된 기관이다. 1831년 조선대목구(朝鮮代牧區)가 분리되면서 1836년 처음으로 조선에 선교사를 파송했고, 아직 국교도 맺지 않은 지구 반대쪽의 나라에서 열두 명의 순교자를 냈다. 파리외방전교회 회칙에 의하면, 선교 지역으로의 출발은 "돌아온다는 생각을 갖지 않는 것"이다.[1] 그만큼 선교사의 출발은 무거운 의식이다. 성당의 공식 안내 소책자(*Chapel*, Paris Foreign Missions)에는 이 그림에 대한 비교적 상세한 설명이 있다. 이것을 중심으로 하여 그림을 살펴보자.

강단에는 네 명의 선교사가 회중을 향해 서 있다. 회중들은 찬송가가 울려 퍼지는 가운데, 한 명씩 앞으로 나와서 선교사의 발과 볼에 입을 맞추었다. 왼쪽에서 두 번째 선교사의 볼에 입을 맞춘 사람은 「아베마리아」로 유명한 작곡가 구노(Charles Gounod, 1818~1893)다. 구노는 당시 파리외방전교회의 오르가니스트였다. 송별식에서는 그가 작곡한 「선교사의 출발을 위한 노래(Song for the Missionaries' Departure)」가 불렸다. 그 옆 선교사의 발밑에서 한 사람이 옷자락에 입을 맞추고 있다. 그리고 그 오른쪽에 터번을 쓴 사람과 악수하고 있는 선교사가 브르트니에르(Bretenieres)다. 1866년 조선에서 순교했고 1984년에 성인으로 추존된 분이다. 맨 오른쪽의 노인은 티베트의 첫

보론

번째 주교였던 데마쥐르(Thomine Desmazures)다. 데마쥐르 주교는 송별식 두 달 전인 1864년 5월 21일 브르트니에르 신부를 비롯하여 이날 조선으로 떠난 총 세 명의 신부에게 사제품을 주었다. 쿠베르탱은 프랑스의 유명한 귀족 화가로, 자신의 아이 둘을 화면에 넣었다. 그림 중앙 맨 앞에 있는 아이들이다. 그중에 뒤를 돌아보는 남자 아이가 나중에 근대 올림픽을 만든 쿠베르탱(Pierre de Coubertin)이다.

저명한 음악가와 함께 근대 올림픽의 아버지가 있으며, 조선에 와서 순교하여 천주교의 성인이 된 사람이 한자리에 있는, 이승에서의 영원한 작별 장면을 그린 그림이다. 「출발」은 프랑스에 있었던 의식을 프랑스에서 그린 그림이지만 우리 역사의 가장 중요한 한 장면을 내포하고 있다고 볼 수 있다. 종교화를 많이 그린 화가 쿠베르탱은 자기와 가까운 신부들의 순교 소식을 듣고 사 년 전 그들의 출발을 떠올리며 그림을 그렸다. 화가는 기본적으로 당시의 출발 의식을 재현했지만 거기에 자신의 바람도 슬쩍 끼워 넣었다. 그림에 그려진 아들 쿠베르탱은 송별회 당시에는 태어난 지 불과 일 년 반밖에 되지 않은 아기였다. 그림에서 보는 것처럼 유치원에 갈 만큼 큰 아이가 아니었다. 화가는 자기 아들의 현재 모습을 그려 넣었다고 할 수 있다. 화가 쿠베르탱은 그 역사적 현장에 자신의 아이도 넣어 두고 싶었던 것이다.

송별식

송별식은 1864년 7월 15일에 있었다. 이날 총 열 명의 신부가 극동의 선교지로 출발했다. 그중에서 조선으로 간 사람은 브르트니에르, 볼리외(Beaulieu), 도리(Dorie),[2] 위앵(Huin) 네 명이다. 강단 위의 네 신부가 그날 함께 조선으로 간 사람들이다. 수염이 인상적인 구노는 사진과 그림을 비교할 때 비교적 분명히 인물을 확인할 수 있지만,[3] 젊은 사제들은 사진과 그림을 일대일로 연결시키기 어렵다. 브르트니에르의 전기에는 그날 출발한 열 명의 신부들이 모여 찍은 듯한 사진이 있는데,[4] 이 사진을 비롯하여 신부들의 개인 전기에 수록된 사진들과 비교해도 얼굴이 비슷해서 그림의 인물들과 연결시키기 어렵다.

경기도 의왕시의 하우현성당에는 「출발」의 복제화가 걸려 있다. 하우현성당은 볼리외 신부의 활동 지역에 세워진 성당으로, 그 복제화에 제법 긴 설명이 붙어 있다. 설명에 따르면 브르트니에르 왼쪽이 도리이며, 그 왼쪽이 볼리외, 강단 맨 왼쪽에 있는 분이 위앵이라고 한다. 그리고 그림 왼편의 두 여인 오른쪽에 검은 망토를 걸치고 서 있는 사람이 당대의 유명한 설교가인 라코르데르 신부(Jean Baptiste Henri Lacordaire)라고 한다. 또 그림 맨 왼쪽에서 정면을 보고 있는 사람이 화가 자신이라고 한다. 라코르데르 신부는 1861년에 죽은 것으로 알려져 있다. 화가는 자기 아들의 현재 모습을 화폭에 담았던 것처럼, 라코르데르가 그 송별식에 큰 의미를 부여할 수 있다고 보아 그려 넣은 듯하다. 네 신부들은 모두 이십 대의 젊은 나이다. 브르트니에르

1838년생, 볼리외 1840년생, 도리 1839년생, 위앵 1836년생, 각각 25살, 23살, 24살, 27살의 젊은이다. 이 젊은 신부들이 천주교를 사학(邪學)이라고 부르며 신자를 극형에 처해 죽이는 조선을 향해 떠났다.

파리외방전교회도 18세기까지는 선교사 파송이 잘 이루어지지 않았다. 평균 한 해에 한 번 정도 파송했을 뿐이었다. 그러다가 아시아에서 천주교 신자가 늘어나자 19세기부터는 파송이 급격히 늘었다. 그때 유럽 밖으로 파송된 천주교 선교사 가운데 4분의 3이 프랑스인일 정도로 선교에서 프랑스가 차지하는 비중이 컸고 그만큼 해외 선교를 주도하는 파리외방전교회가 중요했다. 1836년 이후 속속 조선에 들어온 파리외방전교회 소속의 신부인 앵베르, 모방, 샤스탕 등은 1839년의 기해박해 때 순교했다. 파리외방전교회 신부들의 순교는 조선만이 아니었다. 베트남에서 목이 잘려 순교한 신부의 주검이 프랑스로 오기도 했다. 파리외방전교회 신부들에게 순교는 예정된 것이었다. 그런 여러 예비 순교지 가운데에서도 조선은 가장 가혹한 곳이었다. 낯선 문화, 극심한 빈곤, 끔찍한 박해 등이 기다리고 있었다. 조선행은 고통과 죽음의 길이었다. 볼리외 신부는 떠나기 전에 조선에 대해 이렇게 썼다.

외교인 팔백만 명이 진리를 찾아 움직이고, 만팔천 명의 천주교인이 육십 년째 박해와 싸우고 있는 반도. 선교사 여덟 명이 그들의 머리에 상금이 걸려 있음에도 불구하고, 일 년에 어른 구백 명에게 세례를 주는 전교지. 결코 돌아올 수 없고 일 년에 한 번 어둠을 틈

파리외방전교회 본부 성당의 강단
내벽 왼쪽 부분에 「출발」이 걸려 있다.

타서나 들어갈 수 있는 유배지.[5]

1864년은 그나마 1860년 영국과 프랑스의 연합군에 의해 북경이 함락된 후라서 선교 사정이 약간 나았다. 중국을 순식간에 함락시킬 정도로 막강한 군사력을 지닌 서양 세력을 등에 업은 천주교를 섣불리 탄압할 수 없었던 것이다. 그럼에도 불구하고 조선은 여전히 앞을 내다볼 수 없는 불안한 곳이었다. 이런 죽음의 선교지로 떠나는 것이기에 노령으로 이미 은퇴한 노주교 데마쥐르까지 격려차 나와 앉았던 것이다.

브르트니에르의 전기에는 그날의 송별식이 자세히 그려져 있다. 브르트니에르의 부모는 그날 새벽 아들을 만났다. 부모는 신앙심이 매우 깊은 사람들로 어려서부터 자식들을 천주에게 바친다고 했다. 그래도 막상 송별식 날이 되니 슬픔을 참기 어려웠다. 아들은 부모에게 송별식에 참석하지 말라고 했다. 하지만 부모는 따르지 않았다. 송별식은 오후 4시경에 시작되었다. 성당 내 정원에 있는 종을 치자 선교사와 친지들이 정원에 있는 작은 예배당 앞에 모였다. 선교사들은 「성모 호칭 기도」를 부른 후 예배당 안에 있는 마리아 상 앞에서 무릎을 꿇고 기도했다. 그리고 구노가 작곡한 「출발의 찬송(The Hymn of Departure)」[6]을 불렀다. 이렇게 야외의 송별식을 끝내고 모두 성당으로 들어갔다. 성당으로 들어온 선교사들은 강단에 올라가 회중들 앞에 섰다. 이때 합창단원들이 『성경』「로마서」 10장 15절에 나오는 구절 "아름답도다 좋은 소식을 전하는 자들의 발이여"를 라틴어로 노래했다. 브르트니에르의 부모는 연단 구석 어두운 곳에서 무릎을 꿇고 있었고, 브르트니에르의 동생으로 역시 신부가 된 크리스티앙은 경건히 서 있었다. 브르트니에르의 고향에서 온 한 친지는 이 장면을 이렇게 묘사했다.

> 선교사들은 정말 아름다웠다. 모든 것을 버리고 영혼의 정복을 위해 떠나는 젊은이들이다. 브르트니에르는 세상 무엇보다 아름다웠다. 그는 이 세상이 아니라 하늘나라에 속한 사람인 듯했다. 차례가 되자 나는 그의 발에 입 맞추었다. 그는 나를 안으며 말했다. "용기를 잃지 마세요. 용기를. 그리고 제가 한 말을 절대 잊지 마세요. 영원토록 주님을 찬양하세요."

친지가 브르트니에르에게 들은 말은 자신을 위해 기도해 달라는 부탁이었다. 송별식이 끝나고 방문객들이 교회를 떠났다. 브르트니에르는 신부와 학생들에게 둘러싸였다. 브르트니에르는 손을 건네 그들을 붙잡으며 말했다. "천국에서 만날 때까지! 이제 작별입니다." 선교사들이 마차로 들어가려는데 거지 한 명이 길을 막았다. 브르트니에르는 그의 전재산인 5페니를 거지에게 주고 웃으며 말했다. "이제 정말 빈털터리군."[7]

프랑스 신부의
순교

네 명의 신부는 송별식 당일 파리를 떠났다. 파리를 떠나 마르세유로 가서 배를 타고 수에즈 운하를 지나 인도를 돌아 중국으로 갔다. 중국에서는 상하이를 거쳐 랴오둥으로 갔는데, 장장 석 달 반에 이르는 긴 여정이었다. 1864년 11월부터 만주에서 현지 적응 연습과 언어 학습을 했고, 거기서 그해 겨울을 넘긴 다음 이듬해인 1865년 5월 초 조선으로 출발하여, 그달 27일 충청도 당진의 내포에 상륙했다. 내포는 프랑스 선교사들이 밀입국하는 거점으로 천주교인들이 집단 거주하는 이른바 교우촌이어서 다른 곳보다 안전했다.

네 명의 신부는 드디어 조선에 첫발을 디뎠다. 처음에는 미숙한 한국어와 현지 적응 문제로 제대로 활동하지 못했고, 1866년 2월에야 미사와 각종 의식을 주도하며 본격적인 선교 활동을 할 수 있었다. 그런데 바로 그달 체포되고 말았다. 그리고 그다음 달에 모두 순교의 칼을 받았다. 브르트니에르는 2월 26일 체포되었고, 이어 볼리외, 도리 신부가 체포되어 서울로 압송되었다. 3월 7일, 세 신부는 서울 용산 새남터에서 동료의 뒤를 따라 죽었다. 그리고 충청도에서 활동한 위앙 신부는 3월 30일, 충청도 보령 갈매못에서 다블뤼 주교와 함께 순교했다. 브르트니에르와 볼리외 신부의 머리는 망나니의 네 번째 칼을 받고야 땅에 떨어졌고, 도리 신부의 머리는 두 번째 칼에, 위앙 신부의 머리는 단번에 떨어졌다.

서울의 의금부에서 신문을 받은 브르트니에르 등 세 신부는 본국으로 돌아갈 것을 종용받았다. 신문관은 우리나라가 원래 다른 나라 백성을 후하게 대접하는 정책을 펴 왔다며, 비록 신부들이 죽을 죄를 지었지만 차마 죽이지 못하고 본국으로 돌려보내고자 한다고 했다. 그러나 신부들은 돌아가기를 거절했다. 신부들은 자기들이 천주교를 전하려고 왔으니 죽으면 죽었지 그냥 돌아갈 수 없다고 했다. 그러면서 교우들과 조선에서 사는 것이 즐겁다고 했다. 그들은 죽임을 당한 것이 아니라 스스로 택했다.

머나먼 이역에서 젊은 목숨을 버린 네 신부는 어떤 사람인가? 왜 성당 안내서에는 브르트니에르에 대해서만 말했을까? 네 신부는 모두 엄격한 심사를 거쳐 성인의 반열에 올랐으니, 그 신앙과 공적은 큰 차이가 없다고 할 수 있을 것인데 하필 브르트니에르일까? 달레의 『한국천주교회사』에도 유독 브르트니에르만 출신과 이력이 자세히 기술되어 있다. 그 이유는 다름 아닌 그의 특별한 출신 때문인 듯하다. 소작인 등 가난한 평민 출신인 다른 신부들과 달리, 브르트니에르는 귀족 출신이다. 브르트니에르의 집안은 프랑스 중동부 부르고뉴 지방 디종(Dijon)의 명문가다. 아버지는 남작이고 대저택을 가지고 있었다. 브르트니에르는 19세기 조선에 파송된 총 서른네 명의 프랑스 선교사 가운데 유일한 귀족 출신이다.[8] 재산과 명예를 모두 물려받을 수 있었던 브르트니에르가 그것을 아낌없이 버리고 사제의 길, 그것도 순교자의 길을 걸었다는 점에서 더욱 세인의 주목을 받았는지 모른다. 물론 순교에 재산이나 신분은 문제가 되지 않는다. 순교는 어느 누구에게나 극도로 어려운 선택이다. 소작농의 아들로 일가친지 가운데 글을 쓸 줄 아는 사람이 하나도 없다는 도리 신부의 어머니조차 아들에게 "신부가 되는 건 좋다. 그렇지만 교구에 남아 있지, 외방전교회는 생각지도 마라."[9]고 했다고 한다. 아무 부족할 것 없는 귀족 자제가 기꺼이 사지로 향했다는 것은 두말이 필요 없게 한다. 그의 지극한 신심을 보여 주는 것이다.

네 신부는 출신과 관계없이 모두 조선에서 헌신적으로 활동했다. 너무도 다른 문화, 열악한 환경, 고된 노동은 순교를 각오한 신부들조차도 견디기 힘든 것이었다. 위앵 신부가 가족들에게 보낸 편지를 보면 "이곳의 국물과 다른 음식에 대한 거부감 때문에 저는 한 달 이상 우울증에 빠졌고 앞날이 걱정되기도 했습니다."라고 했다.[10] 브르트니에르는 파리외방전교회에 있을 때 신부들이 빵에 잼을 발라 먹는 것을 보고 놀랐다고 한다. 잼마저 호사로 여길 정도로 검소했던 것이다. 그런 신부들조차 견디기 힘든 것이 조선의 생활이었다. 그러나 맞지 않는 음식과 불편한 잠자리가 그들에게 결정적인 장애는 되지는 못했다. 그들에게는 목숨보다 더 막중한 임무가 있었기 때문이다.

브르트니에르는 서울 지역을 맡았고, 볼리외와 도리는 각각 경기도 성남과 용인, 그리고 위앵은 충청도 예산 당진 지역에 있었다. 브르트니에르는 서울의 신도 회장인 정의배(丁義培)의 집에서 머물렀다. 정의배 역시 같은 달 순교하여 천주교의 성인이 된 사람이다. 정의배는 서울 양반으로 처음에는 천주교가 선조 제사도 지내지 않는다는 말을 듣고 패륜의 종교로 생각했다. 그러다 1839년 세 명의 프랑스 신부가 순교하는 것을 본 다음 생각이 바뀌었다. 프랑스 신부들은 죽음에 임하여서도 기뻐하는 모습을 보였는데, 도대체 이들은 어떤 사람일까, 무엇을 믿기에 기쁨으로 죽음을 맞을까 의아해했다. 그 까닭을 알고자 몇 권의 천주교 서적을 공부하면서 도리어 천주교를 믿게 되었다. 브르트니에르의 조선 안착을 도왔던 베르뇌 주교는 다른 신부들에게 정의배에 대해 이렇게 말했다. "저 노인을 보시오. 저분의 날들은 완전하고, 저분의 길은 바릅니다. 나는 천국에서 저분의 자리만큼 훌륭한 자리를 가지게 되었으면 좋겠습니다." 1866년 정의배가 죽을 때 그는 일흔세 살의 고령이었다. 그는 죽기 전에 혹독한 고문을 받아 한때 배교한다는 실언을 하기도 했다. 조선 관리들은 중국까지 굴복시킨 프랑스의 무력을 두려워하여 프랑스 신부에게는 극한 고문을 가하지 않았다. 그러나 조선 신자들에게는 갖은 고문을 다 가했다. 정의배는 정신을 차린 다음 자신의 실언을 반성한 후 단호히 말했다. "내 만번 죽더라도 배교할 수 없습니다. 살면 살고 죽으면 죽을 뿐입니다. 다른 말은 할 것이 없습니다." 이는 그를 신문한 관청의 기록인 『추국일기』에 실린 말이다. 그런 다음 기꺼이 순교의 칼을 받았다.

위앵 신부는 형장으로 가면서 "나는 젊어서 죽는 것도, 칼을 받아 죽는 것도 고통스럽지 않다. 다만 저 불쌍한 영혼들의 구원을 위해 아무 일도 하지 못하고 죽는 것이 괴롭다."라고 말했다고 한다. 본격적인 활동을 벌이자 바로 처형을 당한 바람에 실제로 이 네 신부가 이룬 공적은 크지 않다. 그러나 공적이 크지 않다고 그들의 뜻까지 작은 것은 아니다. 그들의 유해는 이장을 거듭했는데, 1911년 브르트니에르 신부의 유해는 프랑스의 가족묘로 갔고, 다른 신부들은 모두 서울 양화대교 북단에 있는 절두산순교성지 지하에 안장되었다.

대박해와 그 이후

프랑스 신부들의 순교는 그해 9월이 되어서야 모국에 알려졌다. 반년의 시간이 소요된 것이다. 리델 신부 등 가까스로 조선을 탈출하여 중국에 도착한 프랑스 신부의 입을 통해 전해졌다. 순교는 가족들에게는 하늘이 무너지는 아픔이면서 동시에 무한한 영광이었다. 브르트니에르 신부의 고향 성당에서는 그를 기념하는 의식에서 큰 소리로 찬송하게 했다고 한다. 브르트니에르가 조선에서 보낸 편지에서 어떤 열악한 환경보다도 종교 의식 때 큰 소리로 찬송을 부르지 못하는 것을 안타까워했기 때문이다. 이웃에 들키지 않도록 밤에 은밀히 의식을 진행했고 또 숨죽여 찬송하지 않으면 안 되었던 것이다. 프랑스 신도들은 그로 인해 소리 높여 찬송할 수 있다는 것이 얼마나 큰 축복인지 새삼 깨달았다.

조선 정부는 1839년 처음 프랑스 신부를 죽일 때 내심 불안감이 없지 않았다. 프랑스의 보복이 걱정스러웠던 것이다. 천주교도들은 막강한 군사력을 가진 '양이(洋夷)'인 프랑스가 곧 침공할 것이라고 공언했다. 하지만 결과적으로 프랑스는 아무런 유효한 조치도 취하지 못했다. 19세기 초반 프랑스는 국내 정치가 혼란스러웠을 뿐만 아니라 외부적으로도 먼저 처리해야 할 문제들이 적지 않았다. 세계 반대편에 있는 작은 나라에서 일어난 그리 크지 않은 사태 하나하나에 적극적으로 대응할 여력이 없었다. 이에 조선 정부는 자신감을 얻었고 천주교도들은 좌절했다. 그 사정은 김대건 신부와 함께 마카오에서 공부하고 온 최양업 신부가 프랑스 신부에게 보낸 편지에 자세히 서술되어 있다.[11] 의기양양해진 조선 정부는 마침내 1866년에는 프랑스 신부를 아홉 명이나 죽였다.

자기 국민을 아홉 명이나 죽게 한 사태를 겪고 프랑스도 좌시할 수만은 없었다. 선교사 처형의 소식을 듣자 9월에 바로 중국에 머물던 함대를 보냈다. 함대는 한강을 거슬러 올라와 양화진을 지나 서강에 이르렀다. 인왕산에서 내려다보면 양화진과 서강은 그야말로 지척이다. 외국 전함이 궁궐의 턱밑까지 이른 것이다. 이미 1861년 영불 연합군이 북경을 함락시켰다는 소식을 뒤늦게 들었을 때, 서울 사람들은 대거 피난을 갔다. 한바탕 큰 소동이 벌어졌다. 그만큼 서양 사람에 대한 공포심이 컸다. 하지만 이때 온 프랑스 함대는 보급 문제 등으로 제풀에 지쳐 물러가고 말았다. 본격적인 정벌이 아니라 그저 무력 시위나 하려고 왔던 것이다. 다시 10월에 두 번째로 왔지만 역시 강화도에서 서적 따위나 약탈하는 데 그치고 말았다. 프랑스는 이때 열 명도 못 되는 죽은 선교사를 위해 대규모 전쟁을 치를 열의도 여력도 없었다.[12]

이후 대원군은 척화를 주장하며 조선 내부를 더욱 엄히 단속했다. 이는 우리 역사에서 너무도 유명한 사실이다. 이해의 병인박해에 대원군은 근 만 명에 가까운 천주교 신자를 죽였다. 이천 만이 못 되는 국민 가운데 만 명을 죽였다는 것에서 조선 정부가 천주교를 얼마나 심각히 여겼는지 알 수 있다. 조선 정부가 느낀 위기의식만큼 파국은 이미 가까이에 와 있었다. 이로부터 십 년 후 조선은 일본과 강화도조약을 맺어 문호를 열었고, 다시 십 년 후에는 프랑스와 수교 협정을 맺었다. 천주교는 이리하여 신앙의 자유를 얻게 되었다.

옥중편지 원문

어머니에게
보낸 편지

창황한 시절을 당ᄒ와 하회를 알외오려 ᄒ오매 다흘 길 업ᄉ오나 친필노 슈항을 알외여 ᄉ 년 니회를 올니ᄂ니 비록 식이 죽ᄂ 디경의 니르러도 과도히 샹심ᄒ옵셔 특특ᄒᄂ 은명을 빈반치 마옵시고 안심슌명ᄒ옵쇼셔. 요힝 ᄇ리지 아니시ᄂ 은혜를 밧줍거든 감샤쥬은ᄒ옵쇼셔.

내 셰샹의 살앗심이 진실노 덧덧지 아닌 ᄌ식이옵. 쓸 디 업ᄉ ᄌ식이나 특츙으로 결실ᄒᄂ 날이면 어마님도 가히 ᄌ식을 두엇다 흘 거시오. 덧덧흔 ᄌ식이 될 거시니 젹고 쓸 디 업ᄉ ᄌ식을 진실되고 보빈의 ᄌ식을 ᄆᄃᄅ심이니 쳔만 번 ᄇ라ᄂ니 과히 샹훼치 마오시고 관회억졔ᄒ옵쇼셔.[1]

츠셰를 쑴ᄀᄌ치 넉이시고 영셰를 본향으로 알아 쇼심쇼심ᄒ야 슌명슌명ᄒ시다가 츌니츠셰ᄒ신 후의 비약흔 ᄌ식이 영복의 면류를 밧줍고 즐거온 영복을 씌고 손을 붓드러 영졉ᄒ야 영복ᄒ리이다.

듯ᄌ오니 오라바니가 고복[2]을 ᄒ엿다 ᄒ오니 이 진실노 엇더ᄒ

신 춍우ㅣ신고. 우러러 감샤홈이 결을 업고 어마님 복을 찬숑ᄒᆞ이다. 경이 형데와 형님 형데[3]를 의탁ᄒᆞ야 우리 남미를 싱각지 말으쇼셔. 춍쥬딕을 아모됴록 수이 다려다가 ᄒᆞ가지로 지내시읍. 모녀 샹니 ᄉ 년의 이 디경이 되여 ᄉ 년 회포를 폐지 못ᄒᆞ오니 망극ᄒᆞᆫ 정이야 오죽ᄒᆞ옵마ᄂᆞᆫ 도시 명이라 우리를 주심도 명이오 아ᄉ심도 명이니 관념ᄒᆞᄂᆞᆫ 거시 도로혀 우ᄉ온 일이오니이다. 만 번 복망복망 하옵ᄂᆞ니 관회억졔ᄒᆞ옵쇼셔. 영셰의 모녀ㅣ 지정을 다시 니어 온젼케 ᄒᆞ옵쇼셔.

형님 너모 셜워 마옵. 오라바니가 비록 죽으나 진실노 가부를 두엇다 ᄒᆞ리니 형님이 치명쟈의 안히 되심을 만만 하례ᄒᆞᄂᆞ니 죰셰의 부부ㅣ 되고 영셰의ᄂᆞᆫ 반렬[4]이 되샤 모즈 형데 남미 부부 영셰의 즐기면 엇덜가 시부옵.

나ㅣ 업ᄉ 후라도 젼쥬 셩식[5]을 ᄂᆞᆫ치 말고 나 잇실 째와 ᄀᆞ치 ᄒᆞ옵. 식이 이리 온 후 평일의 근심ᄒᆞ던 일을 엇어 구월의 와 십월의 냥인이 발원밍셰ᄒᆞ야 ᄉ 년을 지내다가 ᄉ실의 남미 ᄀᆞᆺ더니 즁간의 유감[6]을 닙어 근 십여 ᄎᆞ를 닙어 거의거의 홀 일 업더니 셩혈공노를 닐ᄏᆞ라 능히 유감을 면ᄒᆞ엿습. 내 일을 답답이 넉이실가 이리 알외ᄂᆞ니 이 슈지로써 나의 싱명을 삼아 반기실지어다.

결실키 젼의 이ᄀᆞᆺ치 필지어셔홈이 진실노 경이ᄒᆞ오나 모친의 슈회를 풀고 반기시게 ᄒᆞ오니 일노써 위로를 삼으실지어다. 야고버(신품) 계실 째의 우리 풍파를 ᄌᆞ셰히 긔록ᄒᆞ여 두라 ᄒᆞ시기의 이리 온 후 요안[7] 편의 공지[8]를 보내엿습더니 엇지ᄒᆞ엿습. 만 번 만 번 ᄇᆞ라옵ᄂᆞ니 관회억졔ᄒᆞ옵쇼셔. ᄎᆞ셰ᄂᆞᆫ 헛되고 거즛된 줄을 싱각ᄒᆞ옵쇼셔. 말슴이 첩첩무궁ᄒ오나 필지로 알외올 길 업스오니 대강만 알외옵ᄂ이다.

신유 구월 이십칠일 녀식 직비 샹셔.

두 언니에게
보낸 편지

냥위형쥬전

① 지필을 밧드오니 알외올 말이 전혀 업ᄂ. 블샹ᄒ신 오라바님 죽으신가 살으신가. 구월 삼오일의 풍편으로 드른 후 내 몸이 잡히여 감감이 드러안자 쇼식 드롤 길이 전혀 업서 민양 답답 넘이오며 고복을 ᄒ엿시면 그 ᄉ이 결단이 나실 듯ᄒ오니 도라가신 이야 슈복을 ᄒ여 계실 거시니 혈마 며룰 엇질 거시 아니로ᄃᆡ[9] 집안 경샹과 어마님 형님 ᄎᆞ아 엇지 견ᄃᆡ시며 지금 일믁이 부지ᄒ야 계시지 아냣실 듯이[10] 즁도 싱각는 심이야[11] 형용홀 말이 어이 잇습. 초상범졀인들 엇지ᄒ엿는고. 오히려 이제ᄭᅥ 결단이 나지 아냣시면 닝옥의셔 엇지 견ᄃᆡ시는고. 죽으시나 살앗시나 어마님 간쟝은 한량으로 녹이실 거시오.

희아 형뎨[12]와 동아[13]는 병이나 업시 살앗시며[14] 미동셔도 젹쇼문안[15]이나 언제 듯ᄌ와 계시오며 안어루신네 슉환은 엇더ᄒ오시며 니동셔도 형님 시어루신네 ᄎᆞᆷ경을 보오시고 이훼ᄒ오시는 즁 환우나 아니 계시고 아주바님씌셔도 신샹 평안ᄒ시고 츌아도 츙실ᄒ오니 잇가. 두루두루 ᄉ모지회 죵죵 ᄀ졀ᄒᄋᆞ이다.[16]

제ᄂᆞᆫ 죄악이 지즁ᄒ와 ᄀᆞ쵸ᄀᆞ쵸 텬디 흔혹ᄒᆞᆫ 시졀을 당ᄒ오니 지필노 셩셜ᄒ와 알욀 말ᄉᆞᆷ이 업습고 알욀 말이 업ᄉ오나 ᄉ 년 니회와 싸횐 셜화를 잠간 긔록ᄒ여 고ᄒ고 금셰영결을 씨치ᄂᆞ이다.

금년을 당ᄒᆞ야 간장을 녹이다가 죵리 ᄉ셰 홀 일 업서 기우려져 엄구를 여희게 되오니 살고 시분 념이 업서 긔회가 됴혼 쌔의 위쥬치명ᄒ리라 심즁의 뎡지ᄒ고 대샤를 경영ᄒ야 판비홈을 힘쓰더니, 부지불긱이라, 허다 쟝치 니르러셔 아신이 잡희오니 긔회 업셔 넘녀홀 ᄎ 뜻과 ᄀᆞ치 되온지라. 감샤쥬은이오 일념이 흔희ᄒ오나,

실심 즁의 황망ᄒ고 쟝치ᄂᆞᆫ 지쵹ᄒ니 이이흔 곡셩이 텬디의 진동ᄒ고 고당편친[17]과 형뎨친우와 인리고향이 즈음 업ᄉᆞᆫ 영결이라. 육졍이 미진ᄒ야 흔 줄 눈물노 창황이 영결ᄒ고 암연이 도라셔니 원ᄒᄂᆞᆫ 바ㅣ 션죵이라.

처음의 자바다가 슈겁쳥[18]의 가도앗다가 반향이 지난 후의 쟝관쳥이란 듸 옴기오니 고당 형뎨분과 슉슉 형뎨 계신지라. 피ᄎᆞ의 ᄇ라보고 말 업ᄉ 누슈러니 그러구러 밤이 되여 구월 망간이라. 츄텬이 요약ᄒ고[19] 창젼의 명월이 교교ᄒ야 월광이 조요ᄒ니 슈인의 회포를 가히 알네라.

누의며 안ᄌ며 구ᄒ고 원ᄒᄂᆞᆫ 바ㅣ 치명지은이라. 이 원이 ᄀᆞ득ᄒ야 각각 말을 ᄒ듸 일츌여구ᄒ야 고당 양위와 슉슉 형뎨로 더브러 오인이 샹약기를 위쥬치ᄉ하쟈 ᄒ야 각각 뎡지홈이 견여금셕이라. ᄆᆞ음

이 통호고 뜻이 又호니 又득호 신이가 피추의 틈이 업서 봉중호[20] 셜움이 ᄌ연 니치이고 가지록 충은이라. 신락이 도도호니 만수무심호고 거리낀 넘이 업수오딕 오히려 권권호 바ㅣ 옥즁의 일인이라.

못 잇ᄌ오믄 다름이 아니라 집의 잇실 쌔 쇼회를 빗최여서 전일 편을 일위[21] 동일동수호자 호엿더니 인편이 맛당춘코 오히려 ᄌ져호야 밋쳐 전치 못호엿더니 ᄌ최를 절금호니 통홀 길이 업서 줌줌이 구호고 원호고 바라는 바ㅣ 위쥬치명호야 동일동수호자더니,

샹쥬의 충은이 져러실 줄 알앗시랴. 슉슉은 요안이라. 십월 초구일의 요안을 내여가니 뜻을 몰낫시냐. 어딕로 가심이냐. 관가 명령이라 큰 옥으로 다려다가 형데 흔딕 두라신다. 버희는 둣[22] 다려가니, 온냐 더를 어이호리 호딕, 가 계시쇼셔 피추의 닛지 마수이다. 신신이 부탁호딕 동일동수호ᄌ더라 요안의게 전호쇼셔. 지삼 부탁호고 손을 눈화 도라서니 남은 바 네 사름이 쳐져 의지호야 쥬우만 바라더니 일긱이 겨유 되여 부음이 들니오니 인정의 참결흠은 오히려 둘재 되고 요안의 슈복흠은 경희경희호오나,

오호통지라. 요안이 엇지 되엿는고 싱각이 밋ᄎ매 억만 칼이 흉즁을 쎠흐는 둣 심신이 지향업서 반향이 지난 후의 이도 ᄯᅩ흔 충은인지 ᄆ음이 뎡호이딕 전공이 업ᄌ으니 혈마 아조 ᄇ리시랴 ᄆ음이 풀어지나 일넘이 권권호야 오히려 넘이러니 종슈[23]씌 뭇ᄌ오니 몬져 뎡지호시더라.

집의셔 긔별호딕 신톄를 내여다가 닙엇던 옷슬 보니 긔믹의게[24] 붓첫시딕 권면호고 위로호야 텬국의 가 다시 보자 호고 뎡지호

스년[25]이라 넘녀를 부럿스오며 뎌의 평싱 힝위를 술필진대 굿ᄒ여 이련홀 일이 업고 속틱의 버셔나 죡히 노셩타도 홀 만ᄒ고 흔근 열이 셩실홈은 항복[26]홈이 되ᄂᆞᆫ지라.

젹년 원ᄒ던 바ㅣ 뜻과 ᄀᆞ치 일위오니 심곡을 말ᄒ온즉 뎌도 쏘흔 아시로 원혼 바ㅣ라. 우리의 모험은 양인의 쇼원을 텬쥬ㅣ 윤허ᄒ샤 특별ᄒ신 춍은이라. 피ᄎᆞ의 감샤홈이 죽기로 써 보은이라. 양인이 언약ᄒ기를 가산과 쇼업을 젼ᄒ시ᄂᆞ 날이어든 삼ᄉᆞ 분의 분파ᄒ야 시졔빈인ᄒ고 계씨를 후희 주어 양친을 의탁ᄒ고 셰샹이 펴이거든 각각 셔나 사자 ᄒ고,

피ᄎᆞ 샹약을 져버리지 마ᄌᆞ더니, 쟉년 납월이라, 유감이 ᄌᆞ심ᄒ야 ᄆᆞ음이 두려옴 여이리빅빙이오 여림심년이라. 우러러 이긜 바를 ᄀᆞ구ᄀᆞ구 ᄒ옵더니 쥬의 춍우로 겨유겨유 면ᄒ야 아희를 보젼ᄒ야 피ᄎᆞ의 유신홈이 견여금셕이며 신이지졍은 즁여틱양[27]이라.

형믹로 언약ᄒ고 ᄉᆞ 년을 지내더니 금츈의 잡희여셔 ᄉᆞ졀의 닙은 옷슬 곳치지 아니ᄒ고 팔삭을 슈금ᄒ야 죽기의 니르러 비로소 칼을 버슨지라. 빅쥬흔 쟈ㅣ 될가 ᄒ여 쥬야의 넘녀ᄒ고 혼가지로 죽기를 수루쳥앙ᄒ옵더니 이 엇지 뜻흔 바ㅣ니 압셜 줄을 알앗시랴. 더욱 춍은이라. 셰샹의셔ᄂᆞ 다시 도라 권면홀 곳이 업셔 싱각ᄂᆞ니 텬쥬ㅣ시며 향ᄒᄂᆞ니 텬당이라.

십월 십삼일의 관비뎡쇽ᄒ야 벽동으로 원비ᄒ니 본관의 들어갓셔 여ᄎᆞ여ᄎᆞᄒ되 우리 등이 텬쥬를 공경ᄒᄂᆞ니 국률의 죽일지라 각인들과 텬쥬를 위ᄒ야 죽으럇노라 ᄒ니, 밧비 쪼차 나가라, 다시 더욱

드러안자 셩쥬를 여셩ᄒ야 다시 ᄒᄃᆡ, 국녹을 먹으면셔 국명을 슌종치 아니신다, 여러 가지로 말을 ᄒᄃᆡ, 드른 톄도 아니ᄒ고 ᄯᅵ어내치기로 홀일업시 길흘 ᄯᅥ나 연로의 ᄒᆡᆼᄒ며 구ᄒᄂᆞᆫ 바ㅣ 더욱 근졀터니 빅여리를 겨유 나가 다시 잡희이니, 이ᄂᆞᆫ 극진ᄒ야 다시 더흘 거시 업ᄂᆞᆫ 총은이라. 엇더케 감샤ᄒ여야 맛당ᄒ고. 날 죽은 후라도 감샤쥬은ᄒᄋᆞᆸ쇼셔.[28]

령문 첫 츄렬의 텬쥬를 공경ᄒ야 죽으렷노라 ᄒ니, 즉시 쟝계ᄒ야[29] 회하가 ᄂᆞ리더니, 다시 령문의셔 올녀다가 고복 다짐ᄒ고 형문일 치ᄒ야 칼 쒸워 하옥ᄒ니 살이 터지고 피가 흐르더니 식경이 지난 후의 앏흠이 긋치니 가지록 총은이라. 브라도 아냣더니 ᄉᆞ오일이 지나면셔 다 낫ᄂᆞᆫ ᄯᅳᆺ밧기라. 슈형 이후 이십 일이 지나도록 미쇼ᄒᆞᆫ 고난도 업ᄉᆞ니 슈고쟈ㅣ라 말이 앗가올 ᄲᅮᆫ 아니라 진실노 샹반ᄒ니 ᄂᆞᆷ은 닐ᄋᆞᄃᆡ 슈고쟈ㅣ라 ᄒ나 나ᄂᆞᆫ 닐ᄋᆞᄃᆡ 평안쟈ㅣ라 ᄒᄂᆞᆫ니 뉘 집의 안존 ᄆᆞ음이 이ᄀᆞᆺ치 평안ᄒ리오. 도로혀 ᄉᆡᆼ각ᄒ면 불안ᄒ고 두려워 혹 ᄇᆞ리신닛가 대형이 당젼흔가 숑황무지ᄒ며 쟝계 ᄡᅴ원 지 이십여 일이 되ᄃᆡ 긔쳑이 업고 오히려 살 편이 만타 풍편의 들니니 쥬우만 ᄇᆞ라고 혈마 ᄇᆞ리시랴 ᄒ야 어셔어셔 회하가 ᄂᆞ려 죽기만 ᄇᆞ라고 심심이 드러안자 겨유겨유 틈을 엇어 ᄒᆞᆫ 쟝 묘희로 데의 ᄂᆞᆺ츨 삼아 영니별회를 위로ᄒ려 ᄒ오니 ᄌᆞ연 말이 만하 횡셜슈셜ᄒ게 잠간 알외ᄂᆞ니 날 그리온 졍이어든 날 본 다시 펴보시옵.

우리 형뎨 명년을 긔약흔 니별 ᄉᆞ 년이 되옴은 몽매 즁의도 의외라. 일노 보면 셰샹 일을 미리 말흘 빅옵. ᄉᆞ 년 니회도 어렵다 ᄒ엿거니 지쇽 업슨 영니별 더욱 엇더ᄒ시리오. 무용흔 데로 ᄒ야 고로이 샹심ᄒ시리로다. 연이나 우리 형님은 하히지량이시라 슬겁고 어지시니 혈마 아니 춤으시랴. 안심진졍ᄒ시리니 넘녀를 부리오나 형님내씌 넘이 가면 오히려 권권ᄒ야 무익히 분심ᄒ지 마옵.[30]

부ᄌ동긔지졍은 인쇼난언이라 탈니육신젼은 면부득이언이와 젹이나 열심이면 무익흔 듸 넘을 쓰랴 도로혀 한ᄒ오니 형님내 심ᄉ야 오즉ᄒ옵마는 만일 치명의 은혜를 닙으면 셜워흘 거시 업ᄉ니 셜워들 말으시고 경하ᄒ시옵.

어마님 형님내 이통ᄒ실 일 싱각고 이 즁의도 춤아 닛지 못ᄒ야 유언을 끼치오니 제의 림죵 유언을 져ᄇ리지 마옵. 나 죽엇다 쇼문 드ᄅ시고 쳔만번 ᄇ라ᄂ니 과도히들 이샹치 마옵쇼셔. 비쳔흔 ᄌ식이오 용열흔 동싱으로 감히 쥬의 의ᄌ가 되고 의인의 참예ᄒ며 텬샹제셩의 벗이 되며 미복을 ᄀᆺ초고 셩연의 참예ᄒ면 이 엇던 광영이옵. 엇고져 ᄒ여도 어려온 일이라. ᄌ식과 동싱이 님금의 춍만 닙어도 경하흘 일이오니 텬디대군의 춍이ᄒ시ᄂ 즉식을 두면 이 엇지 경하흘 일이옵. 님금씌 춍 밧침은 다토아 구ᄒᄂ니 구ᄒ지 아닌 춍은을 닙으면 ᄯᆺ밧긔 은혜 아니옵.

텬샹지하의 지극흔 죄인이라. 몸이 셰샹의셔는 벽동 죄인 관비로 죵신의 일홈을 버슬 길이 업고 텬쥬씌ᄂ 비쥬비은흔 죄인이 되엿다가 만일 이쳐로 ᄯᆺ츨 못ᄎ 치명을 ᄒ게 되면 일시의 죄명을 다 벗고 만복으로 가리니 엇지 셜워흘 일이옵. 관비의 형이라 홈과 치명쟈의 형이라 말이 피ᄎ의 엇더ᄒ옵. 어마님도 치명쟈의 모친이라 ᄒ오면 이 일홈이 어딜가 시부옵. 내 감히 치명을 ᄒᆞ면 그 긔이홈은 어ᄂᆞ 치명의 비ᄒᆞ겟습. 다른 셩인들은 응당 홀 일이언이와 감히 우러러 볼 일을 이 잔싱의게도 허락ᄒᆞ시면 그런 황숑ᄒᆞᆫ 일이 잇습. 나를 죽은 거슬 산 이로 알으시고 산 거슬 죽은 줄노 알으시며 나 일홈을 셜워 말으시고 왕일의 쥬 일홈을 셜워ᄒᆞ시며 다시 일홀가 넘녀ᄒᆞ시고,

빅만 셜움을 도로혀 왕실을 울며 힘써 이왕을 보쇽ᄒᆞ고 셩모를 의탁ᄒᆞ고 심즁을 화평케 ᄒᆞ야 텬쥬의 어좌가 되기를 힘쓰고 ᄉᆞᄉᆞ의 안심슌명들 ᄒᆞ시면 이 셜움을 주어 단련코져 ᄒᆞ시던 본의에 합당ᄒᆞ야 샹쥬ㅣ 반ᄃᆞ시 ᄉᆞ랑ᄒᆞ시며 안위ᄒᆞ시리니 쥬춍을 엇고 공 셰올 긔회의 무익히 샹심ᄒᆞ야 득죄어쥬를 ᄒᆞ면 져런 일이 잇습.

샹심샹심ᄒᆞ야[31] 미ᄉᆞ의 슌명슌명ᄒᆞ고 안심지본[32]ᄒᆞ야 보쇽젼비ᄒᆞ고 힝션닙공ᄒᆞ샤 비록 적은 허물이라도 큰 허물쳐로 슬퍼 대죄쳐로 통회ᄒᆞ고 힝션홀 긔회어든 적은 션이라도 ᄇᆞ리지 말고 젼뇌쥬우ᄒᆞ며 구ᄉᆞ션죵ᄒᆞ시면 샹샹 힘써 열ᄋᆡ를 발ᄒᆞ고 통회의 열이 아조 업슬지라도 힘써 발ᄒᆞ며 근졀이 구ᄒᆞ면 주시리니 일시나 방심ᄒᆞ엿거든 놀나고 ᄭᆡ오쳐 열심으로 텬쥬ᄭᅴ 드리면 졈졈 쥬ᄭᅴ 갓가와지오니 쇼원을 윤허ᄒᆞ샤 텬쥬를 뵈오며 형뎨 모녀 이러구러 쉬이 맛나면 아니 됴켓습. 늠을 용셔ᄒᆞ며 ᄌᆞ긔를 셩찰ᄒᆞ고 화목을 힘써 어마님은 쥬의에 합ᄒᆞᄂᆞᆫ 늙은이 되시고 형님내는 ᄉᆞ랑ᄒᆞᄂᆞᆫ ᄯᆞᆯ이 되시면 아니 됴켓습.

ᄌᆞ근형님 오라바님 죽어계시거든 너모 셜워 말고 안심안심ᄒᆞ야 무익히 샹훼치 마오시고 쥬은을 감샤ᄒᆞ며 양가의 우흘 도라보시고 어려온[33] 거슬 보호ᄒᆞ시고 통회를 힘써 ᄒᆞ고 발분면려ᄒᆞ고 용력긔진ᄒᆞ

야 오라바님 뒤흘 조차 쓸오기를 힘써시읍.

여긔는 우리 시삼촌슉모씌셔는 무민독즈를 두엇다가 이제 우
리와 혼가지로 치명ᄒ랴 ᄒ야 ᄀᆺ치 슈형ᄒ고 ᄀᆺ치 갓첫시디 극진이 슌
명ᄒ며 태연이 ᄒ시다 ᄒ오니 져러신 이들노 표양을 삼으시고 우리 ᄌ
모와 이왕 셩인들노 표를 법밧아 무익ᄒ 디 심스를 허비치 말으시고,

큰형님 닉외의 당ᄒ신 졍지도 당키 어려온 바ㅣ나 힝션닙공은
그런 터히 더 좃스오니 즘기도 만히 ᄒ여 계시거니와 시작도 돗스오디
ᄆᆺᄎᆷ이 더옥 돗스오니 이 압흘 조심ᄒ여 전공을 일치 말고 극고가 니
ᄅ러도 ᄆᆞ음을 널니 ᄒ고 명을 싱각ᄒ면 갑흠이 잇실 줄을 밋어 조급
ᄒ 싱각을 쪼차 멀니ᄒ면 고난ᄒ 일이라도 슈고롭지 아니홀 돗ᄒ오니
이쳐로 ᄆᆞ음을 쓰시면 됴흘 돗ᄒ오니 다른 덕도 구홈이 됴흐디 신망이
삼덕이 아조 쥬인[34]이라. 신망이 진실ᄒ면 다른 덕이 ᄌ연 쓸오이옵ᄂ
이다.

아ᄌ바님씌셔도 요스이 엇더ᄒ시읍. 형님 신셰를 싱각ᄒ오면
제의 ᄆᆞ음이 앏흐며 비록 ᄆᆞ음이 합ᄒ지 아니나 죄 아닌 명이어든 됴
흘 디로 ᄯᅳᆺ을 밧아 화목이나 일치 마옵. 제는 결발 오 년의 동거 ᄉ 년
이라. 혼 ᄶᅢ도 피츠의 ᄯᅳᆺ 밧고아 본 일이 업고 집안 사름과 서로 슬희
여ᄒ여 본 ᄶᅢ가 업습.

말솜이 만쳡ᄒ오나 올나라는 소릭가 귀의 들니는 돗 밧기 요
란ᄒ와 겨유겨유 간신이 붓치오니 어마님씌 각장 못 알외오며 ᄉ 년
니회와 허다 셜화를 만지일을 긔록ᄒ오나 옥즁 죄인을 열 번을 올녀
도 다 나를 올나라는 돗 쓰다가 주리치고[35] 주리치고 ᄒ오니 말이 된

지 만지 ᄒ오나 제의 친필이오니 반기실가 구ᄎ히 틈을 엇어 알외ᄂ이다.[36]

② 샹은이 무한ᄒ샤 ᄇ리지 아니샤 치명지은을 엇고 오라바님도 그러ᄒ시면 두 ᄌ식이 압흘 셧시니 혈마 아니 인도ᄒ옵. 내 비록 죽은들 어마님과 형님내를 엇지 잇겟습. 내 만일 득의ᄒ면 어마님과 형님네를 보련마ᄂ 내 공이 그런 거시 업ᄉ오니 션종젼은 쾌담을 못ᄒ겟습. ᄌ근형님도 오라바님 죽어계시거든 육졍만 싱각ᄒ고 셜워 마ᄅ시옵. 부부ᄂ 일톄라 ᄒ 편이 승텬ᄒ엿시니 어련이 인도ᄒ오실 것 아니니 힝션의ᄂ 히틔ᄒ고 무익히 심ᄉ만 허비ᄒ야 샹쥬와 오라바님의 근심을 끼치지 말ᄋ시옵.

동아[37]ᄂ 우리 오라바님 ᄒ낫 혈속이니 ᄂᆷ의 남ᄌ의셔 귀ᄒ니 육신과 령신을 착실이 보호ᄒ야 쟝양셩취ᄒ야 셩녀현부가 되게 ᄒ옵. 희아ᄂ 엇지 살앗ᄂ고. 그것들 형뎨나 엇지 글ᄌ나 ᄀᄅ쳐 량션ᄒ 사ᄅᆷ을 ᄆᄃᄅ라 의지들이나 ᄒ고 츙쥬 ᄋ으님을 다려다가 서로 의지ᄒ고 화목친이ᄒ야 ᄆᄋᆷ을 붓치고 편친을 위로ᄒ야 지내시면 죽은 후ㅣ라도 즐거울가 시부옵.

졔ᄂ 싱아 이십 년의 병 업ᄉ 날이 업고 ᄉᄉ의 불효만 끼치다가 죵리 ᄌ식된 보람이 업시 도라가니 형님네ᄂ 졔ᄉᆞᆫ지 듸신ᄒ야 착실이 효양들 ᄒ시옵. 육신을 효양홈도 됴ᄒ나 ᄆᄋᆷ을 효양홈이 더욱 돗ᄉ오니 증ᄌ의 효가 증언의 효의셔 낫다ᄒ엿ᄂ니[38] 졔도 구고를 뫼셔 살아보니 어룬은 ᄯᅳᆺ 밧ᄂ 거슬 웃듬으로 됴화ᄒ시ᄂ니 형셰 빈핍ᄒ야 ᄯᅳᆺ

대로 봉양치 못ᄒ나 ᄆ음을 잘 밧고 위로 보호ᄒ면 혼모ᄒ 정신을 잘
씌오치며 혹 노혼ᄒ야 그릇치ᄂ 일이라도 의리로 말ᄒ지 말고 화ᄒ 얼
골노 ᄀ졀이 간ᄒ며 아모리 셜워ᄒ실지라도 어마님을 보아 비싁을 금
초고 혹 어리양도 ᄒ고 혹 강잉ᄒ야 우스온 말도 ᄒ야 어마님을 잘 보
호ᄒ고,

어린 동싱들이 오라바님 업ᄉ 후ᄂ 형님ᄏ 의탁이 되오니 오라
바님 쇼임을 쎠 형님 노ᄅ슬 ᄒ야 어지리 권쟝ᄒ야 아모됴록 셩취ᄒ야
문호ᄅ 보존ᄒ고 열심 명빜흔 단ᄉ가 되게 ᄒ시옵. 어마님과 두 낫 동
싱은 형님 밧ᄀ 부탁흘 사름이 업습. 오라바님이 치명을 ᄒ엿시면 졔
도 요힝 쥬은으로 션죵을 ᄒ오면 맛날가 ᄒ옵. 어마님을 어지리 도아
여년을 잘 ᄆ고 션죵지은을 엇어 모ᄌ 형뎨 즐거이 맛나게 ᄒ옵. 부탁
부탁ᄒᄂ니 어련ᄒ시옵마ᄂ 제의 부탁을 싱각ᄒ야 두 벌노 ᄒ야 더옥
잘 ᄒ시옵. 부모 잇ᄂ 사름은 셟다고 너모 과히 셟운 ᄃ로 ᄒ지 못ᄒ오
니 그ᄅ 싱각ᄒ시옵. 내 형님은 범연이 싱각고 ᄒᄂ 거시 아니라 형님
이 하 셜우신 사름이시기로 이리ᄒ옵.

ᄆ동 어루신네ᄏ셔 엇지 견ᄃ시옵. 그 졍지도 말 못흘 졍지옵.
요안 오라바님[39]도 엇지 엇지 견ᄃ시옵. 그 오라바님ᄏ 향ᄒᄂ 졍은 이
제 죽기신지도 잇지 못ᄒ겟습. 셰샹의 뉘 아니 항복되옵마ᄂ 웃듬으
로 심복ᄒ고 됴화ᄒᄂ 바ᅵ 그 오라바님이오 녀ᄌ의ᄂ 아가ᄃ러이다.[40]

여긔 요안은 남은 남편이라 ᄒ나 나는 츙우라 ᄒᄂ니 만일 득
승텬국ᄒ엿시면 나ᄅ 잇지 아녓시리라 ᄒ노라. 셰샹의셔 나ᄅ 위흔 ᄆ
음이 지극ᄒ엿ᄂ니 만복곳의 거ᄒ엿실진대 그런 쥼의 고로이 붓치여

암암이 브르는 소리 귀의 써나지 아니리니 평일 언약을 져버리지 아니면 이번은 쓴치 아닐가 ᄒ노라.[41]

언제나 괴옥을 버서나 대군대부와 텬상모황과 ᄉ랑ᄒ던 존구와 내의 동싱과 츔우의 요안을 맛나 즐길고 ᄒ오나 무궁 대죄악인이 마치 브라기만 브라오나 뜻ᄀᆺ치 슈이 될이 잇습. 셜운 일도 하 만ᄉ오니 긔록ᄒ고져 ᄒ면 슝죽[42]도 마를지니,

우리 싀미는 호화히 지내던 몸이 부모 동싱 다 일코[43] 가산ᄭᆞ지 쌔앗ᄉ니 광ᄉ를 브리고 퇴락ᄒ 초옥의 불상ᄒ신 슉모[44]와 노혼ᄒ신 조모를 의탁ᄒ고 신례도 아낫다가 구가의셔는 드려가리 아니리 ᄒ고 신셰도 하 가련불상ᄒ니 엇지긔 셜ᄒ옵.[45] 세낫 싀동싱은 구셰 륙셰 삼셰 아히를 흑산도 신지도 거졔도[46] 각각 원비ᄒ니 그런 경상인들 ᄎᆞᆷ아 엇지 볼 노룻시옵. 싀어루신네 동셔분과 셔울 가 계시던 싀ᄉ촌과 동지동심이긔 협력ᄒ야 죵ᄉᄒ니 ᄀᆺ치 초ᄉᄒ고 ᄀᆺ치 츄열ᄒ고 ᄀᆺ치 슈형ᄒ야 ᄀᆺ치 갓첫시니 죵리 ᄀᆺ치 될 듯ᄒ옵.

큰형님 아희 남미 즁의 뎌의게 향ᄒ는 졍은 별노 다르니 품으셔 기른 연괸가 ᄒ노라 ᄒ시니 졔 역 그러ᄒ야 그럴ᄉ록 죽은 거슬 셜워 마르시옵. 요ᄒᆡᆼ 쥬은으로 득승텬국ᄒ올진대 브즈런이 닙공ᄒ샤 션죵ᄒ시거든 손을 잇그러 뫼셔 가고져 ᄒᄂ이다.

영결 붓슬 드오니 만단셜화를 주리칠 길 업ᄉ오나 허다 하회는 일필난긔라 다 못 주리치오니 일후 내내 힝션닙공ᄒ시며 신톄 강퇴ᄒ시고 령신이 결졍ᄒ샤 동승텬국ᄒ야 대부모[47] 형부모를 즐거이 뫼시고 형뎨 향슈ᄒ야 영원 동락ᄒ기를 앙쳠긔망ᄒ여 지어ᄉ후ᄒ야 시시 간

구ᄒ리이다. 힝여 내 이 원을 못 일우고 살면 엇질고 이리 두렵ᄉ오나 죽어도 셜워들 마ᄅ시옵.

어마님계셔 잡희여 올 째의[48] 일이 수이 될가 ᄒ야 창황 니별의 두어 ᄌ 알외온 거시니 이 편지 보신 후 니동 형님 주어 날 본ᄃ시 보시옵.

만지쟝셜 허다셜화ㅣ ᄌ긔는 션치 못ᄒ며 늠은 션ᄒ라 권ᄒ오니 진실노 노방 쟝승이 지로인ᄒ고 미ᄌ귀옵마ᄂ 인지쟝ᄉ의 긔언이 션이라 ᄒ니 쟝ᄉ홀 사름의 말인즉 그ᄅ지 아니ᄒ니 눌너보시옵.

『동국교우상교황서』수록
「이순이」조항

루갈다 이씨는 마태오(이윤하)의 딸로, 아버지는 일찍 돌아가셨고 어머니를 따라 주님을 섬겼습니다. 결혼을 의논하기에 이르러 어머니에게 동정을 지키고자 하는 뜻을 분명히 밝혔습니다. 어머니는 그를 기특히 여겼으나 세상에 의혹을 살까 하여 감히 바로 허락하지 못하고, 늘 바오로의 도우심을 구했고,[1] 이어 신부(주문모)의 명령을 받아 유항검 집안과 결혼을 정했습니다.

남편 요한은 열심이 있는 사람으로 또한 동정을 지키고자 했습니다. 두 사람은 한마음으로 몸을 정결히 하여 주님을 섬기자고 맹세했습니다. 루갈다는 시집으로 들어간 다음에 시부모를 섬기는 데 정성과 효도를 다했고, 자신의 몸을 가다듬고 다른 사람을 사랑함에 법도에 어긋남이 없고 모범이 되었습니다.

박해를 받아 온 집안이 체포되었는데, 시아버지와 남편은 순교했고, 루갈다와 시어머니 동서 형제, 남편의 사촌 동생 마태오 완석은 모두 관청의 노비로 가게 되었습니다. 네 사람이 정해진 곳으로 떠나게 되었을 때, 루갈다와 마태오가 함께 항의했습니다.

"국법에 천주교인은 반드시 죽이게 되어 있으니, 속히 죽여 주기 바라오."

여러 번 청해도 허락지 않으니, 마지막에는 이렇게 말했습니다.

"우리 가슴에는 만 권의 책이 들어 있고, 또 만 번 죽어도 변치 않을 신심이 있소. 관가에서 우리를 살려 귀양을 보내면, 우리는 당도한 고을에서 본관 사또가 국가의 명령을 지키지 않았다고 꼭 말할 것이오."

그때 천주교도를 많이 죽이면 능력 있는 관리로, 죽이지 않으면 천주교를 비호하는 관리로 여겼기에, 이렇게 화를 돋우었으나, 끝내 그들의 뜻은 이루어지지 않았습니다.

길을 떠나 백 리를 지날 무렵, 관가에서 갑자기 쫓아와서 돌아가게 했습니다. 감옥에 갇힌 다음 날, 관청의 여러 관원들이 함께 나와서 루갈다 등 네 사람을 감옥에서 꺼내 놓고 꾸짖었습니다. 루갈다의 대답은 물 흐르듯 했고 말은 강개했습니다. 뜻을 굳게 지켜, 얼른 죽여 달라고 했습니다. 그러자 감사가 다시 논의하여 사형을 허락했습니다.

처형 일에 형이 집행되기 전에 먼저 정강이를 맞는 벌을 받았는데, 하나같이 통증을 느끼지 못했습니다. 네 사람이 함께 형장으로 갈 때, 한마음으로 기뻐했고, 완석은 큰 소리로 천주교를 전했습니다. 루갈다는 시어머니 동서 형제의 마음이 약해질까 하여, 시아주버니 완석에게 큰 소리로 '우리를 일깨워 주세요.' 외쳤습니다. 그러고는 네 사람은 편안한 마음으로 담소를 나누었습니다. 그런데 시어머니는 귀양 간 세 아이를 잊지 못해 연연해했습니다. 두 사람이 한 소리로 위로했습니다.

"오늘은 육친의 정을 끊고 오로지 주님을 향해야 할 날입니다.

어찌 사소한 사사로운 정에 매일 수 있겠어요.”

처형에 임하여 망나니가 윗저고리를 벗기려고 하자 꾸짖었습니다.

“내 비록 네 손에 죽는다마는 네 어찌 감히 내 옷을 건드린단 말이냐.”

스스로 웃옷을 벗었습니다. 망나니가 또 손을 묶으려 하자 다시 꾸짖어 물리치고는 손을 몸에 꼭 붙이고 편안히 칼을 받았습니다.

이때가 1801년 12월 27일이며, 그의 나이 23세였습니다.

呂亞肋額李氏, 瑪豆女也. 父早沒, 隨母事主. 至議婚時, 向母明言, 守貞之願. 母雖奇之, 只因駭俗, 不敢遽許. 常求保祿佑, 繼因神父命, 定婚于柳恒儉家.

夫婿若望, 實熱心, 亦願守貞. 兩人同心發誓, 潔身事主. 于歸後, 事舅姑誠孝. 修身愛人, 不越規矩, 爲一方標準.

窘難全家被捕, 舅夫致命. 女與姑之娣姒, 夫之從弟瑪豆完碩, 俱入孥典.

四人將竄, 女與瑪豆, 同詞抗告曰,

“天主敎人, 國法必殺, 願賜速死.”

累請不許, 末曰,

“我胸裡有萬卷書, 有萬死不變之信心, 官家若活送我曹, 所到列邑, 必說本官不遵國令, 不殺天主敎人, 欲令得罪于國.”

時以多殺爲能, 不殺爲護, 故欲以此激怒, 終未售意.

行過百里, 官忽追回. 監囚翌日, 列員合座, 出女等四人, 詰問, 女應對如流, 詞氣慷慨, 固執大義, 惟願速殺, 監司議而許之.

受刑之日, 先施脛杖, 一無痛苦. 四人同赴法場, 一心欣樂. 完碩高聲講道. 女爲姑娣之情弱, 大呼從叔, 提醒我等. 四人言笑自若.

其姑猶有眷戀, 三兒之意.(在竄者) 兩人同詞勸慰曰,

"今日端宜斷絶肉情, 專心向主之時, 豈可掛些些私情."

臨刑, 刑役欲解上襦, 叱之曰,

"我雖被死于汝手, 汝何敢手近我衣."

遂自脫上衣, 刑役又欲縶手, 亦叱退之. 將手貼體, 安然受斬.

時辛酉十二月二十七日, 年二十三.

1 종전에는 달레의 『한국천주교회사』의 기록에 따라 다음 날인 1월 31일 (음력 12월 28일)을 처형일로 보았다. 그런데 근래 소개된, 1811년 조선 신자들이 북경의 주교에게 보낸 장문의 편지(「동국교우상교황서」 수록)에 본문의 날짜로 나와 있다. 이 책에서는 이순이의 외사촌 권상립 등이 중심이 되어 기술한 조선 신자의 편지가 기록의 신뢰도가 더 높다고 보아 날짜를 바로잡는다. 이순이의 나이나 죽을 당시의 상황 등도 다른 기록보다 이 기록을 우선시했다.

2 "1-114"는 번역본 『한국천주교회사』의 제1권 114쪽이라는 뜻이다. 이하에서도 이와 같이 표시했다.

3 『동국교우상교황서』 「강완숙」 조에서는 '환재치거(轘載輜車)'라고 했다. 흔히 죄인을 압송하는 데 쓰는 수레는 함거(檻車)라고 한다.

4 천주교 순교자들이 처형장으로 가는 장면은 여러 천주교 순교 관련 기록에 의한 것이다. 이런 행태 때문에 천주교를 박해하던 조선 정부는 천주교 신자들을 죽기를 바라는 이상한 자들로 보았다. 이런 인식은 『사학징의』 등 박해자 측 기록에서 어렵지 않게 찾아볼 수 있다.

5 희광이 또는 회자수(劊子手)라고도 한다. 『광해군일기』 1616년 5월 7일 조에는 "회수희광(劊手希光)"이라고 했다.

6 박해자라는 말은 천주교 측 입장에서 쓴 말이다. 당시 천주교 신자들은 박해를 군난(窘難)이라고 표현했다.

7 『동국교우상교황서』에 나오는 말이다. 이 사건이 일어난 후 근 육십 년이 다 되어 프랑스 신부 다블뤼도 비슷한 말을 들었다. 이들은 사형 선고를 받고 나서도 계속 고문을 받았고, 신문관이 발가락을 부러뜨렸는데 아무도 통증을 느끼지 못했다고 했다. 같은 내용을 약간 다르게 표현한 것으로 보이지만, 『동국교우상교황서』가 신뢰도가 높다고 판단되어 이 책은 전자의 설명을 취했다.

8 김진소, 『천주교 전주교구사』(천주교 전주교구, 1998), 95쪽; 김진소, 「유항검적몰전토환추사(柳恒儉籍沒田土還推事)」, 《교회와 역사》 103(한국교회사연구소, 1984).

9 유중성이 유항검의 형인 유익검의 아들인지 아니면 동생 유관검의 아들인지 의견이 갈려 있다. 쟁점은 『사학징의』에 있는 유중성이 "이숙(二叔)

이 이미 영예롭게 죽었으니 나도 함께 죽고자 한다."고 한 진술을 어떻게 해석할 것인가 하는 것이다. 김진소 신부는 「이순이 루갈다 남매의 옥중편지」(천주교호남교회사연구소, 2010, 99쪽)의 주석에서 '이숙'을 '둘째 작은 아버지' 곧 유항검으로 보고 유중성을 유관검의 아들로 단정했다. 그런데 필자는 이 의견에 동의하지 않는다. '이숙'을 이렇게 쓴 용례를 찾을 수 없기 때문이다. 그 경우라면 대개 '중부(仲父)'라고 할 것이다. '이숙'은 유익검의 아들 유중성이 두 숙부인 유항검과 유관검을 가리킨 것으로 보는 것이 이 단어의 일반적 용례에 부합한다. 만일 대역죄인인 유관검의 아들이라면 유항검의 아들 유중철 형제처럼 교수형을 당하지 애초에 유배형을 받지도 않았을 것이다. 김진소는 왜 유경문 등 다른 조카들은 형벌을 받지 않았는데 유중성만 사형을 당했는지 알 수 없다고 했지만, 다른 사람들은 몰라도 유중성은 형장에 갈 때까지 천주교를 포교한 철저한 신앙인이었다. 삼촌들의 죄에 연루되어 죽었다기보다 본인의 신앙 때문에 죽었다고 볼 수 있다.

10 마테오 리치, 송영배 외 옮김, 「천주실의」(서울대 출판부, 1999), 394~406쪽.

11 19세기 말에 간행된 한글 성인 전기집인 「쥬년쳠례광익」 제4권에 "성녀 아가다 동신치명"이 있다. 이 책은 비록 후대에 간행되었지만 18세기부터 유행한 한문본 「성년광익」 등의 성인 전기와 근원이 같은 것으로 추정된다. 「성년광익」에도 물론 아가타의 전기가 있다. 아가타 숭배에 대한 더 폭넓은 정보는 이기철, 「이탈리아 지역 축제의 정체성 — Catania시의 아가타 성녀 축제를 중심으로」, 《이탈리아어문학》 28(한국이탈리아어문학회, 2009), 157~159쪽 참조.

12 윤점혜는 양근의 순교자 윤선의 딸이자, 순교자 윤운혜의 언니이고, 윤유일의 사촌 동생이다. 생년은 1776년 전후로 추정된다. 임성빈, 「신유박해 이후 교회 재건기의 지도자, 권기인 요한에 대한 연구 — 양근 권철신 5형제의 혈연을 중심으로」, 《교회사학》 8(수원교회사연구소, 2011), 51~53쪽.

13 이순이와 유중철은 조선 최초의 동정부부이며 두 번째 동정부부는 권천례와 조숙이다. 그런데 이 두 부부는 친척이다. 권천례는 이순이의 외사촌 동생이다. 권천례의 아버지 권일신이 이순이의 외삼촌이다. 권천례는 아버지의 친구인 조동섬의 조카 조숙을 남편으로 맞아 서로 동정을 지킬

것을 약속했으며 무려 15년을 그렇게 살다가 순교했다.

14 이 편지에 나오는 순교자 최필공의 사례는 더욱 받아들이기 어렵다. 최필 공은 첫 번째 칼을 맞고 바로 목이 떨어지지 않자 목에서 솟아난 피를 손 가락으로 찍어서 한참을 본 다음 "보혈이로다." 하고는 마침내 숨을 거두 었다고 한다.

15 정진석 옮김, 『김대건 신부의 편지 모음집: 이 빈 들에 당신의 영광이』(가 톨릭출판사, 1996), 295~296쪽.

16 정약용, 다산연구회 역주, 『역주 목민심서』 5(창작과비평사, 1985), 64쪽; 원재연, 「남한산성의 형옥과 천주교 신자들의 옥살이」, 《교회사학》 1(수 원교회사연구소, 2004) 참조.

17 능지처참의 다양한 집행 방법은 심재우, 『네 죄를 고하여라 — 법률과 형 벌로 읽는 조선』(산처럼, 2011)의 제8장 「눈뜨고 보기 힘든 능지처사」에 잘 정리되어 있다. 다만 이 책에는 조선 후기에 능지처참이 실제로 어떻게 집행되었는지는 말하지 않았는데, 달레의 『한국천주교회사』에 이 부분이 잘 설명되어 있다.(1~115쪽) "모반죄인이나 대역죄인에 대하여는 셋째의 공개 집행법이 있다. 모든 것이 방금 말한 것과 같이 진행되나 머리가 몸 뚱이에서 떨어진 뒤에 사지를 자른다. 그러면 머리와 몸뚱이와 합해서 몸 이 여섯 토막이 된다. 옛날에는 팔다리를 잘라 내는 데에 도끼나 칼을 쓰 지 않고, 팔다리를 소 네 마리에 잡아매고 소들이 사방으로 달려가도록 채찍질하여 목 잘린 사람의 사지를 찢었다."

18 『하느님의 종 윤지충 바오로와 동료 123위』(《시복자료집》 3, 한국천주교주교 회의시복시성주교특별위, 2006), 323쪽 및 299쪽. 이하 이 책은 '다블뤼'로 줄여 표시한다.

2장 옥중편지의 배경

1 김진소 신부가 소개한 이윤하의 직계 후손인 이창근(李昌根)이 소장한 가 승에 이윤하에 대해 "祖諱潤夏, 字時甫, 英宗丁丑生, 癸丑辛, 壽五十七." 로 적혀 있다. "할아버지의 성함은 윤하요, 자는 시보니, 영조 정축년인 1757년에 태어나셔서, 계축년인 1793년에 돌아가시니, 그때 57세셨다." 는 뜻이다. 이 가승은 이윤하의 손자이자 이경언의 아들이 기록한 것임을 알 수 있는데, 어떤 이유인지 이윤하의 아들로 이경도와 이경회(李景會)만

만 적고 있다. 여기에서 이경회는 맥락상 이경언으로 볼 수 있다.

2 이윤하의 입양 사실과 세계는 채제공의 『번암집』에 실린 생부 계통으로 고조인 이현조의 묘비명(「贈吏曹參判行通政大夫守江原道觀察使景淵堂李公墓碣銘」)을 통해 볼 수 있다. "公無嗣, 取從父昆弟子漢輔子之. 晩有側室子, 曰漢陟. 漢輔生三男二女, 德冑, 惠冑, 憲冑, 皆以文章世其家. 德冑尤高雅著稱. 婿鄭熙佐, 權景彦並進士. 曰磐, 曰李東著妻, 德冑出也. 曰硾, 惠冑出也. 曰砒 曰矼 曰䃅, 曰金相贊妻, 憲冑出也. 矼年十餘, 以孝賜米, 辛不勝喪天. 磐之子曰正夏, 二女適人. 硾之子曰潤夏寅夏, 潤夏爲貞肅公宗孫克誠後, 二女一適人. 矼之子曰肇夏啓夏, 一女適人. 䃅之子震夏, 餘四幼. 漢陟有四女." 부유섭, 「17세기의 명가 — 전주이씨 지봉가」, 《문헌과해석》 15(문헌과해석사, 2001), 67쪽 주석 참조.

3 李德懋言, 近日京中, 以西學數理專門者, 徐命膺及子浩修, 而又有李檗, 卽武人格之弟也, 廢擧不出, 爲人高潔, 方居紵洞, 又有鄭厚祚, 卽文官喆祚之弟也, 專意於天下輿圖之學, 嘗言, 大淸一統志輿圖固精, 而猶不如大淸會典所載者云.

4 당대의 혼인 관행을 볼 때 권씨 부인은 남편 이벽과 비슷한 나이일 것이다. 그렇다면 『유한당언행실록』은 권씨가 아직 서른이 못 된 나이에 만든 교훈서라 할 수 있는데, 이렇게 보면 이 교훈서는 자식이나 조카를 위한 것이 아니라 이웃이나 주위 여성 신자를 염두에 둔 것으로 생각된다. 참고로 밝혀 둘 것은 권씨 부인의 아버지는 병조판서를 지낸 권엄인데, 권엄은 신유박해 때 지중추부사로서 앞장서서 천주교를 공격했다.

5 황원구, 「한국에서의 유토피아의 한 시도: 판미동 고사의 연구」, 《동방학지》 32(연세대학교 국학연구원, 1982); 심경호, 「다산의 미원은사가에 담긴 귀전원 의식에 대하여」, 《정신문화연구》 48(한국정신문화연구원, 1992) 참조; 정병설, 「화서국전: 조선인들의 유토피아」, 《문헌과해석》 4(태학사, 1998)에서 역사와 문학 작품에 나타난 유토피아의 양상을 정리했다.

6 정약용이 쓴 권철신의 묘지명에는 본문과 같은 이름으로 나오지만, 족보에는 각각 검(儉)과 탁(倬)이라는 이름으로 나온다. 또 『우포도청등록』 제2책의 기해년 11월 21일 조를 보면, 권상문의 아들로 황(俔)과 탁(倬)이 있다고 했다. 『벽위편』(341쪽)에도 『우포도청등록』과 같은 글자 같은 이름으로 나온다.

7 『벽위편』을 보면(222쪽), 1801년의 신유박해 이전 1798년과 1799년의 2

년 동안 해미진영에서 형벌을 받아 죽은 자가 백여 명이 넘었다고 했다. 공식 기록에 처벌받아 죽은 것으로 나오는 사람보다 훨씬 많은 사람들이 아무런 흔적도 남기지 못하고 죽는 것이 현실이었다. 이런 실정을 감안하면 신유박해 전후에 이런저런 이유로 죽은 천주교 신자의 수는 천 명이 될지 그 이상이 될지 가늠하기 어렵다.

8 임성빈, 앞의 논문.

9 "우리 5남매 중 셋이 순교자입니다."라고 썼다. 이 부분은 막내 동생 이경언의 편지 추신에 있는데, 추신 부분은 이순이의 옥중편지가 실린 책에는 들어 있지 않으며 달레의 『한국천주교회사』(2-156)에 수록되어 있다.

10 이순이의 옥중편지와 비슷한 시기에 기록된 혜경궁 홍씨의 『한중록』을 보면, '아우'는 동성의 동생에게 '동생'은 이성의 동생에게 사용하고 있다. 혜경궁이나 이순이는 둘 다 서울 사람이라는 공통점이 있다.

11 김진소 편저, 『이순이 루갈다 남매 옥중편지』(천주교 호남교회사연구소, 2002), 15쪽. "둘째 아들 이경중(李景重, 가승(家乘)의 기록)"으로 적혀 있다.

12 주명준, 「천주교의 전라도 전래와 그 수용에 관한 연구」, 전북대 박사 논문, 1989, 101쪽.

13 임성빈, 앞의 논문.

14 配驪興李氏宗煥女, 翼獻公尙毅之後. 有二男, 長樂敎今三嘉縣監, 次○○. 樂敎, 一男甲榮, 二女, 長適李明夏, 次適李宅達, 初配南原尹氏出. 一女幼, 繼配陜川李氏出. ○○女, 長適李元弘, 男栢榮, 樸榮, 梓榮, 次女未字. 甲榮一女, 李元弘二女並幼.(「通訓大夫行司諫院正言洪公墓碣銘」)

15 혜경궁 집안은 문경공계(文敬公系, 洪履祥) 추만공파(秋巒公派, 洪霙)이고, 홍갑영 집안은 지계공파(芝溪公派, 洪霔)이다.

16 방상근, 「18세기말 서울 지역 천주교 신자들의 거주지 연구」, 《교회사연구》 18(한국교회사연구소, 2002)에서는 『사학징의』, 「벽위편」, 「추안급국안」 등을 토대로 서울 지역 천주교 신자들의 거주지를 조사했는데, 여기에 '니동'은 보이지 않는다.

17 潤夏以邪魁哲身之妹夫, 恒儉, 箕延, 錫忠之切姻.

18 錫忠不思國恩, 而妄詫自己能事, 目不識丁, 而輒以通文脅人, 卽此事足以亡其身. 況其締姻好於哲身潤夏, 乃在十手所指之後, 則渠雖欲發明, 得乎?

19 서울특별시사편찬위원회 편, 『서울지명사전』(서울특별시사편찬위원회,

2009), 256쪽.

20 최재건, 「친인척 관계에 의한 한국 초기 서학의 확산」, 《기독신학저널》
4(백석대학교, 2003), 154쪽.

4장 박해와 순교

1 이상 천주교도에 대한 조선 왕조의 법률 적용에 대해서는 원재연, 『조선
왕조의 법과 그리스도교』(한들출판사, 2003), 203~213쪽 참조.

2 「상재상서」는 『벽위편』에 수록되어 있다. 이만채 편, 김시준 옮김, 『벽위
편』(명문당, 1987), 388쪽(원문 영인). 인용문은 이 책의 번역문을 이해하기
쉽게 약간 바꾼 것이다. 십계명은 천주교와 개신교가 차례와 표현이 약간
다르다.

3 『성경』, 「누가복음」, 23장 1~5절; 에케하르트 슈테게만·볼프강 슈테게
만 공저, 손성현·김판임 옮김, 『초기 그리스도교의 사회사』(동연, 2008),
516쪽 참조.

4 『순조실록』 1801년 4월 21일, 1807년 12월 13일, 1807년 12월 19일;
『벽위편』, 236~237쪽.

5 『헌종실록』 1839년 10월 18일 조.

6 일찍이 이시이 도시오 교수는 1942년 발표된 「이학지상주의 이조에의 천
주교의 도전」이라는 논문에서 조선의 성리학과 천주교는 모두 절대 이념
이어서 양립할 수 없고 상극일 수밖에 없다고 보았다. 한편 도널드 베이
커 교수는 그의 책 『조선 후기 유교와 천주교의 대립』(김세윤 옮김, 일조각,
1997, 352~353쪽)에서 조선 천주교 박해의 원인을 자치권의 문제에서 찾
았다. 위에서 인용한 정하상의 주장이 말하자면 일종의 종교적 자치권을
뜻하는 것이라면서, 천주교가 조선에 들어오기 전에는 어떤 종교도 이런
주장을 펴지 않았다고 했다. 그것이 불교, 도교, 무속 신앙 등이 유교의
이단이면서도 박해를 받지 않은 원인이고, 천주교와 동학이 박해받은 원
인이라고 했다. 필자는 두 교수의 의견에 동의한다.

7 한국교회사연구소 소장. 한국교회사연구소 편, 『순교자와 증거자들』(한국
교회사연구소 출판부, 1982)에 실려 있다.

8 빤또하, 박유리 옮김, 『칠극』(일조각, 1998), 「제6편 음란함을 막다」,

330~331쪽.

9 엘리자베스 키스·엘스펫 K. 로버트슨 스콧, 송영달 옮김, 『(영국 화가 엘리
자베스 키스의) 코리아』(책과함께, 2006), 78쪽.

10 김종서, 『서양인의 한국 종교 연구』(서울대 출판부, 2007), 33쪽. 게일이 '하
나님'이라는 말을 맨 먼저 사용하지는 않았다. 그 이전에 로스도 '하나님'
이라는 말을 썼다.

11 이상현, 『한국 고전 번역가의 초상 — 게일의 고전학 담론과 고소설 번역
의 지평』(소명출판, 2012), 186쪽.

12 이상 두 신부의 조선인의 종교관에 대한 인식에 대해서는 조현범, 『조선
의 선교사, 선교사의 조선』(한국교회사연구소, 2008)의 9장 「조선의 신앙과
종교」 참조.

13 『벽위편』, 266~268쪽을 보면, 초기 천주교 명가의 후손들이 선조를 따
라 순교의 길을 간 사실이 잘 정리되어 있다.

맺음말

1 니체, 백승영 옮김, 「안티크리스트」, 『(니체 전집 15)바그너의 경우, 우상의
영혼, 안티크리스트, 이 사람을 보라, 디오니소스 송가, 니체 대 바그너』
(책세상, 2002), 295~296쪽.

보론

1 조현범, 앞의 책, 117쪽 참조.

2 도리 신부에 대해서는 다음 책을 참고할 수 있다. 윤민구, 『성 도리 신부와
손골』(가톨릭출판사, 2007).

3 박용수, 『파리에서 음악을 만나다』(유비, 2008), 219쪽에 구노의 흉상 사
진을 볼 수 있다. 인터넷에 떠도는 설들을 보면, 구노의 유명한 「아베마리
아」는 1839년 조선에서 순교한 앵베르 주교의 죽음을 듣고 영감을 받아
지었다고 한다. 그런데 어떤 책에는 이 곡을 구노가 약혼녀의 집에서 지었
고 종교적인 분위기가 농후해 다른 사람이 종교적인 제목을 붙이도록 권

한 것이라고 한다. 둘 다 출처가 분명하지 않은 이야기여서 어떤 것이 옳은지 판단 내리기 어렵다. 여하튼 어떤 사정이 있건 간에 구노가 음악가의 길과 신부의 길에서 깊이 고민한 종교적 성향이 강한 작곡가인 만큼, 또 파리외방전교회의 오르가니스트로 일한 만큼, 「아베마리아」에는 프랑스 신부들의 순교가 직간접적으로 연관되어 있으리라 여겨진다.

4 튈스트, 강진수 옮김, 『성 유스토』(가톨릭출판사, 2005), 104쪽.

5 아드리앵 로네·폴 데통베 공저, 안응렬 옮김, 『한국 순교자 103위전』(가톨릭출판사, 1995), 351~352쪽. 여기 팔백만이라는 인구 숫자는 당시 호구 조사로 알려진 인구수이며, 실제로는 그 두 배 정도는 되었다는 것이 인구사 학계의 통설이다. 이기순, 「조선 후기 인구사의 비평과 전망」, 《사총》 63(고려대 역사연구소, 2006) 참조.

6 파리외방전교회 성당 안내서의 설명에는 성당 내에서 진행된 송별식에서 「선교사의 출발을 위한 노래(Song for the Missionaries' Departure)」를 부른 것으로 기술되어 있다. 하지만 브르트니에르 전기의 영문 번역판(C. Appert, Florence Gilmore, *For the faith: life of Just de Bretenières*, New York, 1918)에는 야외에서 진행된 송별식에서는 앞의 노래와 같은 곡으로 보이는 구노의 「출발의 찬송(The Hymn of Departure)」을 불렀고, 성당 안의 송별식에서는 「성경」 「로마서」 10장 15절의 한 부분을 불렀다고 적고 있다.

7 브르트니에르의 영문 전기 69쪽에는 본문과 같이 적고 있으나, 『한국 순교자 103위전』에서는 도리 신부에게 5페니를 준 것으로 되어 있다. 그리고 브르트니에르의 한국어 전기 122쪽에는 브르트니에르가 '두 냥'을 동료에게 주었고, 도리 신부가 '5페니'를 거지에게 주었다고 적고 있다.

8 조현범, 앞의 책, 103쪽.

9 『한국순교자 103위전』, 356쪽.

10 프레데릭 불레스텍스, 이향·김정연 옮김, 『착한 미개인, 동양의 현자』(청년사, 2001), 104쪽.

11 정진석 옮김, 『최양업 신부의 편지 모음집: 너는 주추 놓고 나는 세우고』(가톨릭출판사, 2006), 77쪽.

12 홍순호, 「파리외방전교회 선교사들의 한국 진출에 대한 프랑스 정부의 태도」, 《교회사연구》 5(한국교회사연구소, 1987); 조현범, 앞의 책, 제10장 「선교사들의 문명관과 조선 출병론」 참조.

부록 1 옥중편지 원문

1 다블뤼의 글(327쪽)에는 다음의 한 단락이 더 들어 있다. "언니들, 어떻게 지내시는지요? 애정 어린 말들은 많이 해 봐야 아무 소용없으니 언니들께 두어 마디만 전하려 합니다. 열렬한 사랑을 가지세요. 그것만큼 하느님의 마음을 움직이게 하는 것은 없습니다. 게다가 모든 소원의 성취는 우리의 의무와는 별개의 일입니다. 종들은 그들의 의무를 잘 하여야 할 것이니, 그렇게 하면 종들은 한 식구가 되는 것이요 작고 쓸모없는 자식들이었던 그들이 참되고 소중한 자녀가 되니, 저는 감히 그것을 천 번을 바라는 바입니다." 그런데 이 부분이 달레(1-538)의 책에는 다음과 같이 동생에게 한 말로 되어 있다. "그리고 내 동생들아, 어떻게 지내느냐. 많은 정다운 말도 아무 소용이 없을 것이므로 너희들에게 두어 마디만 하겠다. 열렬한 사랑을 가져라. 그만큼 천주의 마음을 감동시키는 것은 없다. 그뿐 아니라 모든 소원이 성취되는 것은 우리에게 달린 일이 아니고 천주께 달린 것이다. 그리고 종들은 본분에 충실할 것이니, 그렇게 함으로써 한집안 식구가 될 것이요, 작고 쓸데없는 그들이 귀중한 참 자식이 될 것이니, 나는 감히 그것을 천만번 바라는 바이다." 다블뤼의 원문이 "mes soeurs" 즉 "내 자매여"이기에 집안 사정을 참작하여 서로 다르게 번역한 듯하다. 이 편지 다음에 있는 두 언니에게 보는 편지가 "a mes deux soeurs"로 되어 있음을 감안할 때 다블뤼의 번역본이 상황에 부합하는 듯하다. 이 단락처럼 한글본에는 없는데 다블뤼 번역에는 들어간 부분이 있고 반대로 한글본에는 있는데 다블뤼 번역에는 빠진 것도 있다. 현전 한글본과 다블뤼와 달레의 프랑스어 번역본은 근본적으로는 차이가 없지만, 친지에게 한 안부 인사는 프랑스어 번역본에서는 대체로 생략되어 있다. 문맥을 파악하기 어려울 뿐만 아니라 프랑스어권의 독자에게는 불필요한 부분으로 여겨졌기에 생략한 듯하다.

2 이태영의 책(이태영·유종국 역주, 「동정부부 순교자 이순이 루갈다 옥중편지」(천주교 전주교구, 2011). 이하에서도 '이태영의 책'으로 줄여 부른다.)에서는 '考覆' 즉 죽을죄를 지은 죄인의 옥안을 재심한다는 것으로 보았는데, 문맥상 심리의 마지막 단계를 뜻하는 듯하다. 이 편지의 뒷부분에서 고복한 다음 다짐을 받았다고 했다.

3 종전에는 '형님 형제'를 친언니와 올케언니로 해석했다. 그러나 친언니가

친정에 와 있다는 것도 납득하기 어렵거니와 여러 정황으로 보아도 친언니로 보기 어렵다. 유항검의 집에 유관검이 함께 산 것처럼 가까운 일가 언니가 함께 산 것으로 보는 것이 적절할 듯하다. '큰형님'으로 불린 이 언니는 이순이를 키워 주고 집안 일을 돌봐 준 사람으로 보인다. 그래서 편지에서도 올케언니보다는 훨씬 작은 비중을 차지하고 있다.

4 이태영의 책에서는 '班列'로 보고 '성인의 반열이 되어', '성인의 반열에 올라'로 해석했다. 어색하다. '伴列' 곧 동반자로 이해하는 것이 타당할 듯하다.

5 김옥희 소장본(김옥희, 「순교자 이순이 루갈다의 삶과 영성」, 한국학술정보, 2007)은 "형식"으로 되어 있으나 이는 오기로 보인다.

6 「쥬년쳠례광익」 제4권 「셩녀 아가다 동신치명」을 보면 "그 지물과 싁을 탐ㅎ야 유감ㅎ디 셩녀ㅣ 좃지 아니ㅎ니 관원이 셩교 일홈으로써 잡아 가도고 ᄀ만이 창녀를 분부ㅎ야 만흔 계교로써 유감ㅎ디 셩녀의 ᄆᆞ음을 요동케 ᄒᆞᆯ 법이 업ᄂᆞᆫ지라"라는 부분이 있다. 여기서 유감은 '유혹'의 의미임을 알 수 있다.

7 대부분의 주석본이 여기 '요한'을 유중철의 동생인 유문석을 가리킨다고 보고 있으나, 함께 감옥에 있는 사람이 연락을 맡는다는 것은 적절한 해석이 아닌 듯하다. 요한이라는 세례명은 흔한 것이니 유항검 집안의 일을 봐 주는 다른 천주교 신자가 아닌가 한다. 다블뤼의 번역본에서는 '유문석인 듯'이라고 조심스럽게 해석했다.

8 이태영의 책에서는 신문할 때 진술한 것을 적은 종이를 가리키는 '供紙'로 보았다.

9 이태영의 책에서는 "설마 (돌아가신) 그분을 어찌 달리 되게 하지 아니할 것입니다. 곧 결코 다른 일은 없을 것입니다."로 풀이하면서 "천국에서 복을 누렸으면 누렸지 다른 일은 없을 것"이라는 뜻으로 해석했다. '이제 어쩔 수 없는 일이지만' 정도로 이해하는 것이 뒤 단락과 순조롭게 연결되는 해석으로 생각한다.

10 이태영의 책에서는 "한 사람도 의지할 사람이 없으실 듯하니"로 보았으나, 여기서 '일맥'은 친척보다는 맥박으로 보는 것이 타당한 듯하다. '일맥부지(一脉扶持)'라는 말은 후자의 의미로 많이 쓰인다.

11 이태영의 책에서는 "싱각눈심"의 '난심'을 '亂心'으로 풀고 "그간 생각 괴로운 마음이야"를 뜻한다고 보았다. 김옥희 소장본은 "즁도 싱각ᄒᆞᄂᆞᆫ ᄆ

음이야"로 되어 있다.

12 앞의 어머니에게 보내는 편지에서는 두 남동생을 가리킬 때 '경이 형제'라고 했다. 지시 대상이 분명하지 않다.

13 종전에는 동아를 이경도의 아들로 보았으나 뒤의 편지 내용으로 보면 동아는 이경도의 외동딸이 분명하다. 또 종전에는 이경도의 편지에 나오는 '귀비'를 동아와 같은 인물로 보았는데, '귀비'는 문맥으로 볼 때 집안 여종으로 보는 것이 적절할 듯하다. 집안의 종들에게 당부의 말을 하던 끝에 귀비를 언급하고 있기 때문이다. 다블뤼의 번역에서 이경도의 아들로 본 것 때문에 계속 이렇게 해석해 온 듯하다.

14 김옥희 소장본은 "잘아시며" 곧 '자랐으며'로 되어 있다. 문맥으로 볼 때 김옥희 소장본에 따라 해석하는 것이 적절할 듯하다.

15 이태영은 '寂疎問安'으로 읽었으나 이 부분은 '謫所問安'으로 읽어야 한다. 이 다음 부분부터는 김옥희 소장본의 영인본에서는 모두 빠져 있다. 원문이 그런 것인지 영인 과정에서 빠진 것인지 확인하지 못했다.

16 이상의 한 단락은 다블뤼의 번역본에는 없다.

17 이태영의 책에서는 '姑堂片親'으로 '친정 홀어머니'로 풀었으나 흔히 고당편친은 '高堂偏親'으로 쓰인다. 여기서는 홀로 된 시어머니로 읽는 것이 옳을 듯하다. 자기 주변과의 작별을 가리킨 것이기 때문이다. 뒷부분을 보면 그렇게 경황없이 나왔는데 감옥에서 시어머니를 다시 만난 기쁨을 말하고 있다.

18 이태영의 책에서는 '水汲廳'으로 읽었다. 이렇게 보면 수급비(水汲婢) 즉 관청 여종들이 있는 곳으로 볼 수 있을 것이다. 종전에 다른 책에서는 '守給廳' '囚禁廳' 등으로 옮겼다. 『승정원일기』에 ' '囚禁廳'의 용례가 있으므로 문맥상 이것이 가장 적절할 듯하다. 이렇게 보면 죄인을 가두어 놓는 곳으로 해석된다.

19 이태영의 책에서는 '요악'을 '幺弱'으로 읽었으나 가을 하늘을 가리키는 '추천' 다음에는 '요락(搖落)'이나 '요확(寥廓)'이 많이 쓰인다. 문맥상 드넓다는 뜻의 '요확(寥廓)'이 적당할 듯하다.

20 이태영의 책에서는 "예리하고 무거운"을 뜻하는 '鋒重'으로 풀었으나 문맥상 '첩첩 쌓인'을 뜻하는 말이어야 적당할 듯하다. 무성하다는 뜻의 '봉용(丰容)'의 오기가 아닌가도 생각해 볼 수 있다.

21 이태영의 책에서는 "전일(前日)에 편(便)을 이루어"로 보았으나 이는 문맥

이 통하지 않는 말이다. '전일'을 '전인(專人)'의 오기로 보아야 할 듯하다. 전인은 '어떤 소식이나 물건을 전하기 위하여 따로 사람을 보내는 것'을 가리킨다. 이렇게 보면 이순이가 남편에게 자기 뜻을 전하려고 '인편을 얻고자 했으나'의 뜻으로 이해된다.

22 이태영의 책에서는 '빼앗다'로 보았으나 '버희다'나 '버히다'는 '베다'는 뜻이다. '목을 벨 듯이'로 해석했다.

23 이태영의 책에서는 '從叔'으로 풀었다. 종숙은 남편의 종형제라는 뜻이다. 문맥상 시숙모를 가리킨다고 보아야 할 듯하다.

24 '其妹에게' 곧 '그 누이에게'로 옮길 수 있다. 종전에는 모두 누이를 이순이로 보았으나, 최근 이유진의 논문(「이순이 루갈다 옥중편지 현전 필사본의 자료적 가치와 해독의 문제」, 《교회사연구》 40, 한국교회사연구소, 2012)에서 유중철의 여동생을 가리키는 것으로 해석했다. "누이여 천국에서 다시 만납시다"로 유명한 이 구절의 해석이 달라지게 된 것이다. 비록 유중철과 이순이가 실제로는 남매 관계와 같았다고 하지만, 또한 이순이가 유중철을 충우 곧 충직한 벗으로 본다고도 했지만, 유중철이 패망한 본가에 보낸 편지에 나오는 여동생은 친여동생으로 보는 것이 적절하다. 이 때문에 이순이가 '그 누이에게 부쳤다'고 쓴 것이다.

25 이 부분은 의미가 분명하지 않다. '뜻을 정한 지 사 년'으로 읽을 수도 있고, '뜻을 정한 사연'으로 읽을 수도 있다. 어휘로 보면 전자가 적절하고 문맥으로 보면 후자가 적당하다. 여기서는 후자의 의미를 취했다.

26 이태영의 책은 '항복'을 '恒福'으로 보았으나 이 문맥에서는 '降服'이 적절하다고 본다. 그의 어떤 모습에 항복한다는 것은 그것을 추앙한다는 뜻이다.

27 중여태산(重如太山)의 오기 아닌가 한다.

28 다블뤼의 글에는 다음 단락이 들어 있다. "우리는 네 마을을 지나갔는데, 저는 예수께서 갈바리아로 가실 때 지나가신 네 동네를 생각하고는, 속으로 이는 하느님께서 저에게 주시고자 하신 구세주와의 작은 닮은 점이 아닐까 하였습니다. 저는 이 포졸들을 마치 제 친정 부모님이나 만난 듯이 말할 수 없이 기쁜 마음으로 반겼습니다." 갈바리아는 갈보리라고도 한다. 예수가 처형을 당할 때 십자가를 지고 올라갔던 언덕의 이름이다. 이순이는 영광스러운 순교의 순간을 기대하며 예수와 자신의 생애를 견주었을 것이다. 또 이순이는 포졸을 친정 부모처럼 반겼다고 하는데, 이 포졸들은 다시 감옥으로 데려 갈 사람들을 가리키는 것으로 보인다. 그래서

반겼던 듯하다.

29 『승정원일기』 1801년 11월 2일 조를 보면, 전라도 관찰사 김달순이 유항
검 일가 죄인을 다시 가두어 놓고 보고했다는 내용이 있다. 여기에 10월
21일에 전주에서 보낸 장계가 이날 조정에 들어왔다고 했다. 10월 13일
유배령이 집행되고 얼마간 길을 가다가 잡혀 와서 신문을 받고 10월 21
일 조정에 장계를 올렸던 것이다.

30 의미가 분명치 않은 부분이어서 문맥을 잡아 해석했다. 이순이의 옥중편
지는 극히 어려운 상황에서 쓴 글이라 제대로 다듬어지지 않은 문장이 적
지 않다.

31 이태영의 책은 '詳審'으로 읽었으나 다음 단락에 나오는 '안심안심'의 오
기로 보는 편이 적절하지 않나 한다.

32 이태영의 책은 '安心之本'으로 읽었으나 '按心之本'이 적절한 듯하다.

33 '어린'의 오기로 보인다. 이태영의 책에서도 이런 뜻으로 해석했다.

34 이태영의 책은 '主因'으로 보았으나 '主人'이 적당하지 않나 한다. 중심이
라는 뜻으로 해석된다.

35 이태영의 책은 '줄이다'로 보았으나 '그치다'가 적절한 해석이다. 고어 사
전의 용례를 보면 '주리치다'는 '보던 것을 거두다'라는 뜻으로 쓰이고 있
음을 알 수 있다.(박재연, 『필사본 고어대사전』) 즉 '그치다'인 셈이다. 다블뤼
의 글에도 '중단하다'로 번역했다.

36 종전에는 두 언니에게 보내는 이 편지를 한 통으로 취급했다. 즉 한날한
시에 적은 것으로 본 것이다. 그러나 이 부분에서 편지 작성이 중단되었
고 이하의 것은 위 부분과 별개로 다시 쓴 듯하다. 이 편지들은 남편 형제
가 교수형을 당하고 자신들이 유배형을 받고 다시 전주 감영에 재수감되
어 조정에 장계를 올린 날로(10월 21일, 『승정원일기』 1801년 11월 2일 조 참
조)부터 20여 일이 경과된 11월 중순 무렵 적힌 것으로 추정된다.

37 여러 연구서와 해설서들이 이경도의 자식을 아들로 보고 있으나 이 부분
을 보면 딸임을 확실히 알 수 있다. 다블뤼는 "Tong Oani" 곧 '동완이'로
적었다.

38 증자는 부모의 몸보다 마음에 더욱 신경을 써서 부모를 받들어 모셨다고
한다.

39 이태영의 책은 여기 '요한 오라버님'을 이순이의 남편 유중철로 보았다.
그러나 문맥상 여기 요한은 남편으로 보기 어렵다. 작은형님 친정 안부를

물은 끝에 '요한 오라버님'이 나왔을 뿐만 아니라 이 몇 문장 뒤에 '요한 오라버님'과 대가 되게 '여기 요한'을 말했다. 여기 요한이 남편 유중철이기에 '요한 오라버님'은 작은올케언니 집안과 관련이 있는 '요한'으로 보는 것이 적절할 듯하다. 아직 분명히 내세울 만한 근거는 찾지 못했지만, 순교자 이순이가 가장 존경하는 남자인 이 요한을 필자는 권상립이 아닐까 추정하고 있다. 신유박해 후 천주교 재건을 주도했던 이순이의 외사촌이다. 올케 역시 권상립을 잘 알 수 있는 처지인데, 올케의 형부인 권상문과 사촌이기 때문이다. 물론 권상립의 세례명은 요한이다. 권상립에 대해서는 임성빈, 앞의 논문 참조.

40 이 부분으로 인해 이순이가 아가타 성녀를 흠모했다고 알려져 있다. 그런데 문맥을 보면 아가타 성녀라기보다는 아가타라는 세례명을 가진 주변의 어떤 여신자를 가리킨다고 보아야 할 듯하다. 이순이 주변에 아가타라는 세례명을 가진 여성 순교자로는 윤점혜를 꼽을 수 있다. 그는 초기 순교자인 윤유일 바오로의 사촌 동생으로, 행적으로 볼 때 이순이가 잘 알 수 있는 범위 내에 있다.

41 이 부분은 문장의 혼란이 심하다.

42 쓸 말이 많은데 다 적을 수 없을 때 흔히 '남산죽(南山竹)이 다 마른다'고 표현한다. 진나라, 한나라, 당나라의 서울이었던 장안 곧 서안의 남쪽에 있는 남산의 대나무를 다 베어도 기록할 수 없을 정도로 할 말이 많다는 뜻이다. '남산죽'의 오기인 듯하다.

43 이 시누이는 아버지는 죽고, 어머니는 곧 죽을 것이며, 동생들은 모두 멀리 유배를 갔으니, 이런 표현이 가능할 것이다.

44 여기의 숙모는 족보를 통해 볼 때 유항검의 큰형 익검의 부인이거나 동생 진검의 부인일 텐데, 말로 보면 진검의 부인일 가능성이 높다. 익검의 부인이라면 백모(伯母)라고 불렀을 것이기 때문이다.

45 다블뤼(393쪽)는 이순이의 맏시누이가 남편에게 버림받는 위협 속에 놓였다고 썼다.

46 『사학징의』에는 각각 거제도, 흑산도, 신지도로 유배 보냈다고 했다.

47 뒤 구절과의 관계를 생각할 때 '내 부모'의 오기로 보는 것이 적절할 듯하다. 대부모 곧 '천주와 형부모'보다 '내 부모와 형 부모'라고 하는 것이 논리상 더 적합할 듯하기 때문이다.

48 이순이는 시어머니와 거의 같은 날 감옥으로 잡혀 왔다. 그렇다면 이 구

절은 납득하기 어려운 문장이 된다. '어마님계셔'는 오기든 오표현이든 '어머님께'를 뜻하는 것으로 이해하는 것이 적절할 듯하다. 이순이가 처음 감옥에 잡혀 올 때 친정어머니에게 편지 보낸 일을 가리키는 것으로 보는 것이다. 이태영의 책에서도 이런 맥락으로 이해했다.

부록 2 『동국교우상교황서』 수록 「이순이」 조항

1　이 부분을 윤민구의 번역(『윤유일 바오로와 동료 순교자들의 시복 자료집』 제5 집, 193쪽)에서는 "그래서 이순이는 하느님께서 도와주시고 보호해 주시기를 간절히 기도하였습니다."라고 했다. "常求保祿佑"를 이렇게 해석한 것이다. 필자는 '保祿'을 '바오로'로 보았다. 사도 바오로는 『성경』에서 동정의 이상에 대해 맨 먼저 말한 사람이다.

순교는 극단의 신념이 맞붙는 곳에서 나온다. 한쪽에서는 목숨을 잃더라도 지켜야 하는 신념이 있고, 다른 쪽에서는 죽이지 않으면 안 되는 위기감이 있다. 순교와 관련된 자료들도 이런 대척적 입장을 담고 있다. 심지어 객관적이라는 연구조차도 이 틀을 벗어나지 못한 경우가 있다. 따라서 순교를 가능한 한 객관적으로 보자면 양극단의 자료 사이에서 절묘한 줄타기를 하지 않으면 안 된다.

이 책은 다른 모든 문학 연구나 역사 연구와 마찬가지로 철저한 자료 비판에서 출발하고자 했다. 자료의 저자가 경험자인지, 소문을 들은 것인지, 소문의 출처가 직접적인지 간접적인지, 자료는 원본인지 전사본인지 하는 것들이 모두 자료 비판의 기본이 된다. 여기에서는 이 점에 유념하여 이 글에서 주로 사용된 자료들에 대해 간략히 설명한다.

이순이의 옥중편지

기독교는 피의 증거 위에 세워진 종교다. 증거와 증언이 얼마나 소중한지 누구보다 잘 알고 있다. 조선의 경우에도 첫 순교자인 윤지충부터 순교 일기를 남겼다. 조선에 들어온 첫 신부인 주문모 역시 신도들에게 순교의 기록을 모으라는 명령을 내렸다. 이순이의 옥중편지도 그 명령을 받든 것이다. 그럼에도 불구하고 박해가 오래 지속되면서 증거들은 상당 부분 사라지고 말았다. 이순이의 옥중편지가 감옥을 넘어서 지금까지 전해진 것 자체가 기적이라 할 수 있다.

1965년 이순이의 옥중편지 한글본이 세상에 모습을 드러내기 이전에, 옥중편지는 달레의 『한국천주교회사』를 통해서만 알 수 있었다. 김구정의 편저서인 『피묻은 쌍백합: 동정부부 유요한 이루갈다』(전주교구 초남이성지, 1958) 등은 달레의 책에 기반을 둔 것이다. 그러다 김구정이 1868년 병인박해 때 울산에서 순교한 천주교 신자 김종륜(金宗倫)이 필사한 옥중편지를 소개했다. 이 자료는 김구정에 의해 활자로 옮겨져 발표되었고, 다시 한국교회사연구소에서 편찬한 『순교자와 증거자들』이라는 책에 「누갈다 초남이 일기 남매」라는 제목으로 소개되었다.

그러다 김종륜 필사본의 원소유자(김종륜의 후손)가 소장한 또 다른 이본이 김옥희 수녀에 의해 공개되었다. 김종륜 필사본의 원소유자는 옥중편지 2권 외에 「사후묵상」, 「진도자증」, 「회죄직지」 등의 신앙 서적을 가지고 있었는데, 옥중편지 1권과 「사후묵상」, 「진도자증」 등은 김구정에게 주었고, 나머지 옥중편지 1권과 「회죄직지」 등은 김옥희에게 주었다고 한다. 김구정 소장본은 호남교회사연구소의 김진소 신부에게 전해져 현재 호남교회사연구소에 소장되어 있다.

김옥희는 자기 소장본을 영인하고 소개한 책에서 두 종류의 한글본은 필체나 내용이 동일하다고 했으나, 필자가 살펴본 바로는 필체는 물론 표기에도 약간 차이가 있다. 두 이본의 정밀한 대교가 필요한 상황이다. 그러나 김옥희 소장본의 영인본은 일부 누락이 있어서 현재로서는 전체적인 비교가 불가능하다.

최근에는 달레 번역본의 저본인 다블뤼의 프랑스어 번역본도 소개되었다. 다블뤼는 이순이의 옥중편지를 처음으로 세상에 알린 사람이다. 아래에 여러 이본을 하나하나 소개한다.

1 호남교회사연구소본

김구정, 「교회사에서 내가 발견한 진귀한 사료」, 《가톨릭청년》, 1965년 6월호 및 7월호.

한국교회사연구소 편, 「누갈다 초남이 일기 남매」, 「순교자와 증거자들」, 한국교회사연구소 출판부, 1982.

김진소 편저, 양희찬·변주승 옮김, 「이순이 루갈다 남매 옥중편지」, 천주교 호남교회사연구소, 2002.

김진소 편저, 양희찬·변주승 옮김, 「이순이 루갈다 남매 옥중편지」, 천주교 호남교회사연구소, 2010. 원문 영인이 있다.

이태영·유종국 역주, 「동정부부 순교자 이순이 루갈다 옥중편지」, 천주교 전주교구, 2011. 원문 역주가 있다.

2 김옥희 소장본

김옥희, 「순교자 이순이 루갈다의 삶과 영성」, 한국학술정보, 2007. 원문 영인이 있다.

3 다블뤼 번역본

한국천주교주교회의시복시성주교특별위 편, 『하느님의 종 윤지충 바오로와 동료 123위』(시복 자료집 제3집), 한국천주교주교회의시복시성주교특별위, 2006. 프랑스어 원문과 한글번역문이 있다.

신유박해 관련 일차 자료

1 천주교회 측

① 황사영, 김수영 옮김, 『황사영백서』, 성황석두루가서원, 2002. 원문 영인이 있다. 1801년까지의 조선 천주교회사가 조선 내부의 시각으로 정리되어 있다.

② 『동국교우상교황서(東國敎友上敎皇書)』(한문본, 대만 보인대학 소장). 이 자료에는 모두 네 편의 글이 있다. 조선의 천주교 신자가 교황에게 보낸 편지, 조선 신자가 북경의 주교에게 보낸 편지 1, 조선 신자가 북경의 주교에게 보낸 편지 2, 북경 주교가 조선 신자에게 보낸 답장. 이 모든 편지는 제목이 따로 없다. 표제는 맨 앞의 글을 대표로 보아 붙인 듯하다. 이 자료의 일반적인 사항에 대해서는 조광, 「동국교우상교황서의 사료적 가치」, 『신유박해 연구의 방법과 사료』, 한국순교자현양위원회, 2003을 참조할 수 있으며, 윤민구 옮김, 『한국 초기 교회에 관한 교황청 자료 모음집』, 가톨릭출판사, 2000에 앞의 두 글의 번역이 있다. 또 『윤유일 바오로와 동료 순교자들의 시복 자료집』 제5집에는 두 번째 글의 한문 원문과 한글 번역문이 있다. 1811년 11월 3일 북경 주교에게 보낸 조선 신자의 첫 번째 편지는 신유박해 순교자에 대한 가장 자세하고 정확한 정보원이다.

③ 다블뤼, 「조선 주요 순교자 약전」 및 「조선 순교사 비망기」. 다블뤼가 1858년 무렵 조사 기록한 순교 사실. 한국천주교주교회의시복시성주교특별위 편, 『하느님의 종 윤지충 바오로와 동료 123위』(시복 자료집 제3집), 한국천주교주교회의시복시성주교특별위, 2006에 번역되어 있다.

④ 샤를르 달레, 최석우 옮김, 『한국천주교회사』(전3권), 한국교회사연구소, 1980.(원저는 1874년 간행) 3번과 4번의 성격에 대해서는 김정숙, 「신유박해에 관한 프랑스어 자료 분석」, 『신유박해 연구의 방법과 사료』, 한국순

교자현양위원회, 2003 참조.

2 정부 측

① 신유박해 관련 연대기 사료

『승정원일기』, 국사편찬위원회 원문 데이터베이스.

『조선왕조실록』, 국사편찬위원회 원문 데이터베이스.

조광 편, 변주승 옮김, 『신유박해 자료집』(전 3권), 한국순교자현양위원회, 1999. 신유박해 이전 『승정원일기』 소재 천주교 관련 기록의 번역이다.

② 신유박해 당시 천주교도 신문 기록

『추안급국안』, 서울대학교 규장각한국학연구원 소장.

『추국일기』, 서울대학교 규장각한국학연구원 소장.

『각사등록: 추국일기』, 국사편찬위원회 소장. → 서종태, 한건 엮음, 『조선후기천주교신자재판기록』(전3권), 국학자료원, 2004. 상권과 중권까지가 신유박해 관련이다.

③ 『사학징의』, 한국교회사연구소, 1977. 한국교회사연구소 소장. 신유박해 시 신문과 처결 문서를 중심으로 정리한 책이다.

조광 옮김, 『역주 사학징의 1』, 한국순교자현양위원회, 2001. 전 2권 중 제1권만 번역되어 있다.

④ 『벽위편』. 두 종이 있다. 하나는 이기경이 편찬하여 필사한 것으로 한국교회사연구소에 소장되어 있으며, 이는 동연구소에서 1978년 영인 간행한 바 있다. 다른 하나는 이기경의 후손 이만채가 재편집하여 1931년에 석인본으로 간행한 것이다. 후자는 김시준 교수가 1987년 명문당에서 영인하고 번역하여 간행하였다. 이 책에서 인용한 『벽위편』은 후자다.

천주교 신앙 관련 및 기타 자료

정약종, 하성래 옮김, 『주교요지』, 성황석두루가서원, 1995. 원문 영인이 있다.

이벽, 하성래 옮김, 『성교요지』, 성황석두루가서원, 2001. 원문 영인이 있다.

『유한당언행실록』, 숭실대학교 한국기독교박물관 소장. 김옥희, 『한국천주교여성사』 1, 한국여자수도회장상연합회, 1984에 원문 영인이 있다.

마테오 리치, 송영배 외 옮김, 『천주실의』, 서울대학교 출판부, 1999.

빤또하, 박유리 옮김, 『칠극』, 일조각, 1998. →『中國宗教歷史文獻集成』(黃山書社, 2005)의 76권부터 100권까지는 '東傳福音'을 싣고 있는데, 『천주실의』, 『교우론』, 『칠극』, 『기인십편』 등 중국어 천주교 문헌 다수가 있다.

『성년광익(聖年廣益)』, 한국교회사연구소 등 소장.

『쥬년첨례광익(周年瞻禮廣益)』, 한국교회사연구소 등 소장.

『남보(南譜)』, 한국천주교회200주년기념사업위원회 역사자료편찬부, 1984. 영인본.

『형정도첩』, 소장처 미상. 《계간미술》 39, 중앙일보사, 1986 가을호 수록.

김준근 그림. 스왈른 수집본. 숭실대학교 한국기독교박물관 소장. 『기산 김준근 조선풍속도-스왈른 수집본』, 숭실대학교 한국기독교박물관, 2008 수록.

김준근 그림. 기메박물관 소장. 『프랑스 국립기메동양박물관 소장 한국문화재』, 국립문화재연구소, 1999 수록.

조풍연 해설, 『사진으로 보는 조선 시대(속) — 생활과 풍속』, 서문당, 1996(제2판).

박재연 주편, 『필사본 고어대사전』, 학고방, 2010.

윤의병, 『은화』, 한국교회사연구소, 1977. 1939년부터 연재되어 미완으로 끝난 윤의병 신부가 쓴 조선 천주교 박해에 관한 소설이다.

엔도 슈사쿠(遠藤周作), 『침묵』, 홍성사, 2003.(원서는 1966년 간행) 일본 천주교 박해에 관한 유명한 소설이다.

김은국, 도정일 옮김, 『순교자』, 문학동네, 2010.(원서는 1964년 영어로 간행)

연구 논저

김진소, 『천주교 전주교구사』, 천주교 전주교구, 1998.

서원모·방성규·이정숙·서현선 편역, 『여성과 초대 기독교』, 현대지성사, 2002.

원재연, 『조선왕조의 법과 그리스도교』, 한들출판사, 2003.

조현범, 『조선의 선교사, 선교사의 조선』, 한국교회사연구소, 2008.

박양자, 「일본 키리시탄 순교사와 조선인」, 순교의맥, 2008.

서양자, 「중국천주교순교사」, 순교의맥, 2008.

주경철, 「대항해시대 ─ 해상 팽창과 근대 세계의 형성」, 서울대학교 출판부, 2008.

한국교회사연구소 편, 「한국천주교회사」(전4권), 한국교회사연구소, 2009~2011.

김성봉, 「초남이 동정부부」, 가톨릭출판사, 2012

주명준, 「천주교의 전라도 전래와 그 수용에 관한 연구」, 전북대학교 박사 논문, 1989.

정하미, 「일본의 서양 연구 시점에 대하여 ─ 아라이 하쿠세키의 시도티 심문과 관련하여」, 《민족과문화》 9, 한양대학교 민족학연구소, 2000.

노기식, 「청 전기 천주교 수용과 금교」, 《중국학논총》 15, 고려대학교 중국학연구소, 2002.

김윤성, 「조선 후기 천주교 성인 공경에 나타난 몸의 영성」, 서울대학교 박사논문, 2003.

원재연, 「남한산성의 형옥과 천주교 신자들의 옥살이」, 《교회사학》 1, 수원교회사연구소, 2004.

박화진, 「일본 그리스찬 시대 규슈 지역에 대한 고찰」, 《역사와경계》 54, 부산경남사학회, 2005.

하태진, 「이순이 루갈다의 동정관 형성에 관한 연구」, 광주가톨릭대학교 석사논문, 2007.

방상근, 「18세기 말 조선 천주교회의 발전과 세례명」, 《한국교회사연구》 34, 한국교회사연구소, 2010.

임성빈, 「신유박해 이후 교회 재건기의 지도자, 권기인 요한에 대한 연구 ─ 양근 권철신 5형제의 혈연을 중심으로」, 《교회사학》 8, 수원교회사연구소, 2011.

이유진, 「이순이 루갈다 옥중편지 현전 필사본의 자료적 가치와 해독의 문제」, 《교회사연구》 40, 한국교회사연구소, 2012.

이시이 도시오(石井壽夫), 「이학지상주의(理學至上主義) 이조(李朝)에의 천주교의 도전」, 「한국천주교회사논문선집」 2, 한국교회사연구소, 1977(원논문은 日文으로 1942년 《歷史學研究》 12卷 6號에 발표되었다.)

고노이 다카시〔五野井隆史〕, 이원순 옮김, 『일본그리스도교사』, 한국교회사
연구소, 2008.

헨리 채드윅, 서영일 옮김, 『초대교회사』, 기독교문서선교회, 1983.

도날드 베이커, 김세윤 옮김, 『조선 후기 유교와 천주교의 대립』, 일조각,
1997.

레이시 볼드윈 스미스, 김문호 옮김, 『바보들, 순교자들, 반역자들』, 지호,
1998.

에케하르트 슈테게만 · 볼프강 슈테게만 공저, 손성현 · 김판임 옮김, 『초기 그
리스도교의 사회사』, 동연, 2008(원서는 1995년 간행).

가브리엘레 조르고, 박미화 옮김, 『순교와 포르노그래피』, 한국방송통신대학
교 출판부, 2009.

Brown, Peter, *The Body and Society-Men, Women, and Sexual
Renunciation in Early Christianity*, Columbia University Press,
1988.

Tanner, Mathias, *Societas Jesu usque ad sanguinis et vitae
profusionem militans, in Europa, Africa, Asia, et America, contra
gentiles, Mahometanos, Judaeos, haereticos, impios, pro Deo,
fide, Ecclesia, pietate, sive, Vita, et mors eorum, qui ex Societate
Jesu in causa fidei, & virtutis propugnatae, violentâ morte toto orbe
sublati sunt*, Typis Universitatis Carolo-Ferdinandeae, 1675.(구글에
서 원문을 확인할 수 있다. 이 책과 같은 유럽에서 간행된 천주교 포교 관련서 상당
수는 일본 조치대〔上智大〕 크리스천문고(キリシタン文庫) 웹사이트에서 인터넷으로
쉽게 확인할 수 있다. http://laures.cc.sophia.ac.jp)

관련 창작물 및 행사

한국가톨릭국악인협회, 「(창작 판소리) 이누갈다전」, 1991. 10. 6.

한광희, 「(창작 칸타타) 루갈다」, 아사히출판, 2004.

이철우 작곡, 김정수 대본, 「(창작 오페라) 쌍백합 요한 루갈다」, 호남 오페라단,
2004.

평화방송TV, 「(순교 사극) 동정부부, 요안 루갈다」, 2010. 11. 29(2부작).

'요안누갈다제', 2001년부터 매년 개최. 천주교 전주교구.

Abstract

Beyond Death:
Martyr Yi Suni Letter from Prison

Jung Byung-sul,

Professor. Seoul National University.

Less than twenty years after the first Catholic baptism in the Joseon Dynasty, the number of believers grew rapidly to reach ten thousand. Men, and even more so women, from members of the ruling yangban class to the low-class people were strongly attracted to the new religion. The existing ruling elite hence felt threatened by the explosive growth of this new force, which resulted in the persecution of Catholics. In 1791 a Catholic believer was executed for burning his ancestors' spirit tablets and failing to carry out the traditional ancestral memorial rites, but in 1801 all-out persecution of Catholics took place across the country.

It is said that more than a hundred people were killed and more than 400 were exiled. These figures, however, only reflect those who were officially punished. The actual figures would be much higher if we take into account those who died after being beaten in interrogation, from disease contracted in poor prison conditions, and from the after effects of torture after their release from prison. According to "Hwang Sayeong's Baekseo," a letter written on a piece of silk as the author hid in a cave during the height of Catholic persecution, more than 300 people died in Seoul along for their involvement in the Catholic Church. At the time, Joseon was a nation of 15 million people. Of the Catholic population of ten thousand, it is estimated that more than one out of every ten believers died because of some connection to the church. This means that almost every Catholic family suffered in some way.

Yi Suni was a believer who was martyred in this persecution. She was captured and taken to prison in October 1801 and beheaded in Jeonju on January 30, 1802. During her three months in prison, she wrote a letter to her mother and sister-in-law. While persecution of Catholics continued for more than a hundred years, with believers hunted down and killed, this letter miraculously survived to be handed down to the present. It was found by the Bishop Antoine Daveluy in the process of organizing the history of Korean Catholic martyrs in the late 1850s. Greatly moved by the letter, he said that he hoped the precious lives of the martyrs would be recorded in "letters of gold," as he introduced the contents of the letter to the Western world.

Yi Suni was born to an illustrious family in Seoul and married the son of a wealthy family in Jeonju. Despite her comfortable situation in life, she chose a difficult path in life. That is, she chose death, knowing that faith in the Catholic Church meant death if the world remained unchanged. In order to devote herself wholly to her faith, she wanted to keep her chastity, and in order to keep her chastity she agreed to a celibate marriage with a man who had the same convictions. The marriage was unavoidable because unmarried Catholic believers were more easily found out. Yi Suni was willing to sacrifice to her faith not only her wealth and position but also her life. With her husband, who thought the same way, she planned to use the great wealth to be inherited from their parents in saving the poor.

At the time Yi Suni was martyred, persecution had driven the Catholic Church in Korea to the verge of complete annihilation. The believers died or fell to disease; they were driven out of their homes to wander round the countryside suffering from hunger and cold. Helping each other out, they barely managed to survive the crisis, and ten years later they made their plight known to the Pope many miles away over the seas. In their letter, the Joseon believers said, "Joseon may be the only country in the world where people came to the Catholic faith not through the work of missionaries but from learning of the faith through books." As exemplary members of the Catholic Church whose faith came through their own studies, they made known the fact they were in danger of disappearing from the earth and asked for help in this way. As they had said, the Joseon Church, or rather, the Joseon people had of their own accord sought out new values, and a new faith and belief. In this context, Yi Suni is a representative figure. Yi Suni and the Joseon Catholic Church speak for the idealism of the Korean people at the time, and show the extremes of idealism put into action. Though the Joseon Catholic Church continued to be persecuted by the government for over a century, it managed to survive and later experienced explosive growth. Statistics show that there are more than five million Catholics in Korea today. With the addition of the number of Presbyterians, the number of Christians goes well over ten million. This makes Korea a country where one in every three or four people is a Christian.

급격하게 변화하고 있는 21세기를 맞아 창의적인 인문학 연구를 고취하고, 인문학의 연구 성과를 대중과 소통하여 그 내실을 다지며, 사회와 현실에 대한 보다 깊이 있는 시선을 확보하는 일은 무엇보다 중요하다. 옛것을 거울삼아 새로운 것을 창조해 내는 이른바 법고창신(法古創新)의 정신을 되살리고, 변화하는 사회에 능동적으로 대처하기 위해서는 무엇보다도 인문학이 가져다줄 수 있는 심화된 교양과 고전에 대한 깊이 있는 이해가 필요하다. 인문학의 위기를 걱정하고 그 미래를 고민하며 시대를 헤쳐 나갈 인문학의 지혜에 목말라하는 사람들은 많아졌지만, 정작 '대중 인문학'이라고 부를 수 있는 저술들은 턱없이 부족하다.

서울대 인문 강의 총서는 창의적 학술성을 지닌 인문학적 지식이 가독성과 깊이를 겸비한 저술을 통해 학계 및 사회와 소통할 수 있는 계기를 만들고자 한다. 이를 위해 대중과 호흡할 수 있는 창의적인 인문학 주제들을 발굴해 내고, 인문학 스스로 대중 및 사회와의 접점을 능동적으로 찾아 나가는 길을 모색하고자 한다.

서울대 인문 강의 총서는 "대중과 함께하는 인문학의 향연"이라는 취지에서 2010년 시작된 '서울대학교 인문 강의'의 성과를 저술로 묶어 낸 것이다. 서울대 인문 강의 총서는 교양서와 학술서라는 진부한 이분법에서 벗어나 품격 있는 고급 교양서를 지향한다. 이를 위해 서울대학교 인문대학의 소장 교수들이 동양과 서양, 고대와 현대, 문사철(文史哲)의 경계를 넘나들며 최고의 인문학적 지식과 상상력을 펼쳐 보이고자 한다.

서울대 인문 강의 위원회

05   서울대 인문 강의

죽음을 넘어서
순교자 이순이의 옥중편지

1판 1쇄 펴냄 2014년 3월 21일
1판 2쇄 펴냄 2016년 4월 14일

지은이 정병설
발행인 박근섭, 박상준
펴낸곳 (주)민음사

출판등록 1966. 5. 19. (제16-490호)
서울특별시 강남구 도산대로 1길 62(신사동)
강남출판문화센터 5층 (06027)
대표전화 515-2000
팩시밀리 515-2007
www.minumsa.com

ⓒ 정병설, 2014. Printed in Seoul, Korea
ISBN 978-89-374-8502-2 04900
ISBN 978-89-374-8492-6 (세트)